ダヤンのタロットカード

鏡 リュウジ
池田あきこ

白泉社

C O N T E N T S

第1章

22枚のタロットカード

THE FOOL

0

愚《ぐ》者《しゃ》

フール

冒険家のオットーさんは笑います
「愚者」と笑われたって平気
知恵に縛られている人たちよりも
ずっと自由でいられるのだから

中心に描かれているオットーさんは、ダヤンの友だちのマーシィのお父さん。冒険者でとても自由。家族にだって縛られたりしません。

そしてこのカードのオットーさんは、旅の途中ガケの先に踏み出そうとしています。見ている人は「なんて愚かな」と思うでしょう。でも、この一歩がないと何も始まらないのです。頭で考えていたのではなかなかできないことです。オットーさんのように身軽な『愚者』となりポンと飛び出して。すると、あなたの人生で何かが始まります。また、自分の中の〝未知の可能性〟に気づくはず。

愚かに見えつつも軽やかな『愚者』のナンバーは「0」です。〝ゼロからのスタート〟は、あなたが思うより簡単なのかも。

このカードを引いたあなたのそばにも、『愚者』のカードが示すような無邪気な人・天然なタイプがいるに違いありません。その人を見て、腹が立ったりしているとしたら、本当はうらやましいのかも。実は、そういう『愚者』的要素があなたの中にあるのです。このことに気づけば、きっと世界が広がるでしょう。

始まり　未知の可能性　挑戦　無邪気な態度
まだ目覚めていない才能　汚れていない状態
考える前に跳ぶ
可能性に満ちた状態
自由な人

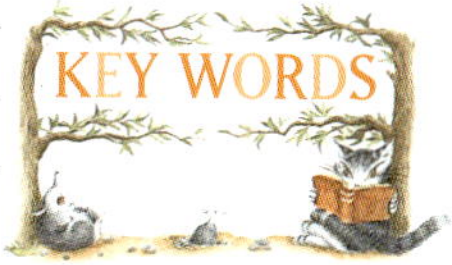

THE MAGICIAN

I-1

奇《き》術《じゅつ》師《し》

マジシャン

永遠の命を手に入れたジタンは
わちふぃーるどで
一番魔術的で独創的
みんなを驚かせる「奇術師」と重なる存在

不思議なねこ・ジタンが描かれたカードです。ダヤンの友だちでありダヤンを導く存在であるジタンは、とにかく賢いんです。なんてったって、このカードのジタンの後ろに描かれた命の水を飲んで、すっごく長い月日を生きているのですから。

だから、〝世の中のしくみ〟や〝世間を要領よく渡って行くコツ〟は、他の生き物よりも充分にわかっています。また、『奇術師』のように人を驚かすことができるぐらいの〝知識〟や〝情報〟も持ち合わせているのでしょう。

それから、『奇術師』というものは、〝技術〟や〝才能〟や〝器用さ〟がないとなれません。これらも、『奇術師』から読み取って欲しいキーワードです。

ただ、せっかくいいアイデアや才能を秘めていたとしても、それだけでは誰も認めてくれません。それを上手に表現したり、現実化するスキルを磨く、ということも大事です。

このカードと縁があったあなたは、内なる可能性を現実的な努力で具体化するよう頑張ってみるといいでしょう。

技術　賢さ　世間を要領よく渡って行く才能

情報　知識　器用さ　コツ　意志の力

学習　しくみ　常識

個性を生かす

同じ趣味を持つ友だち

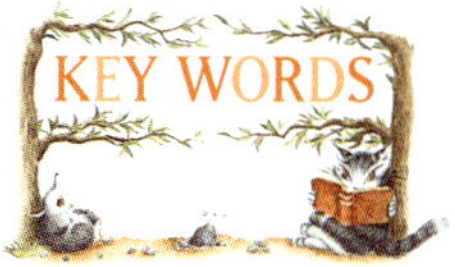

THE HIGH PRIESTESS

Ⅱ
2
女《おんな》教《きょう》皇《こう》
ハイ・プリーステス

不思議な本の世界でもダヤンは安心
だって大魔女セが手を引いてくれるから
セとダヤンの行く先には
「女教皇」しか知らない真実が

本の世界でダヤンを導く若く美しい大魔女セ。でも、このカードに描かれている本を開いても、普通の人間には何が書いてあるかさっぱりわからないでしょう。そこには、魔法をあやつり精神性の高い大魔女セだけが知っている〝秘密〟や〝心や直感で解釈する知識〟が書かれているのですから。

大魔女セがすべてを理解するのが難しい存在であるように、『女教皇』はパッと見ただけではわからないことを暗示しています。頭で理解するのではなく、感覚的にとらえる気持ち……、女性であるなら、何となく察することができるのではないでしょうか？　つまり『女教皇』とは、女性の心の深い部分をタロットカードの中に閉じ込めたものなのです。

自分の心は自分が一番よく知っていると思うのは錯覚で、心の中にはまだまだ未知の要素があります。自分が本当に求めているもの、「希求」は、眠っている時に見る夢やひらめきにあらわれることが多いようです。

このカードが出たなら、最近見た夢やふと思いついたことに注目してみるのもいいでしょう。

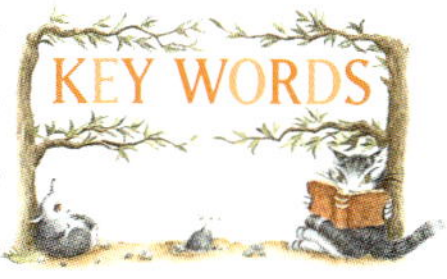

秘密　言葉にできない気持ち
心や直感で解釈する知識　物事を見通す力
相手を深いところで理解する
女同士の友情　プラトニック
ミステリアスな女性
魔性の女　巫女

THE EMPRESS

Ⅲ

3

女《じょ》帝《てい》

エンプレス

子だくさんのマーシィ一家
中心にいるのは温かなメイプル母さん
「女帝」が示す母性の象徴
豊かな実りを家族に授けます

　ダヤンの友だちのマーシィ一家が描かれているカードです。中心にいるのは、マーシィのお母さんであるメイプルさん。すぐ旅に出てしまう夫のオットーさんに代わって家族を支え、家庭に豊かさを与えている存在です。このカードは、メイプルさんの母性と、メイプルさんによってもたらされた実りがいっぱいの家庭を象徴しています。

　女性というのは、大地と同じで、新しい生命を産み出していきます。そのため、このカードでは、〝女性〟の他に〝自然のしくみや恵み〟もあらわしているのです。やわらかな愛に包まれ、生き物も植物も実りをつけていきます。

　また、人を含めた生あるものは〝努力〟の結果育まれるのです。このカードを引いたら、今はどんどん物事が成長したり、膨らんだりする時と思って。そして、目の前にあるものを育てましょう。

　あまりストイックになり過ぎると、『女帝』のまろやかさは失われてしまいます。本能的になり、五感を研ぎ澄ませ、自分の感覚に正直になることもいい結果を生むでしょう。

母性　慈愛　自然のしくみ　豊かさ
努力の結果が出る　女性が主役　おいしいもの
キレイな女の子
ハンサムな男の子　パーティ
安心できる人　素朴な女性
グラマラスな女の人

THE EMPEROR

Ⅳ
4
皇《こう》帝《てい》
エンペラー

ジタンの父・グラン
意志が強く統率力があり
「皇帝」になるために生まれて来た存在
彼が王の時代、タシルは幸せでした

3の『女帝』が女性や母性や家庭を示したのに対して、4の『皇帝』は男性や父親や社会を示します。対でありながら相反するものなのです。

ここでは、タシルの国王であるグランの堂々とした姿が描かれています。グランは王としての才能に溢れ、民を上手にまとめていました。国に必要とされるグランは、まさに『皇帝』。グランが病に倒れ、国王として国を支える力が揺らいだのをきっかけに、世界は混乱していきます。グランはそれほどの存在でした。

グランが座る石の玉座には、羊の顔がついています。これは、『皇帝』のカードが西洋占星術の牡羊座と関係が深いという証拠。そのため、牡羊座が示す〝実行力〟や〝行動力〟や〝強さ〟も『皇帝』のカードは暗示しています。

このカードが示すのは、あなたがリーダーシップを取っていく必要がある、ということ。まわりに流されず間違ったことにはハッキリとNOと言いましょう。甘えた根性を捨て人にも自分にも〝厳しい〟あなたになることも必要。〝ルール〟を大切にしていれば、きっと道は開けます。

統率力　組織力　社会性　権力　厳しさ
ルールを守らせる　責任感　実行力　強気の態度
管理　父親　支配
グループの中心になる
力強い人　強引なタイプ

THE HIEROPHANT

V
5
教《きょう》皇《こう》
ハイエロファント

**シンやダンスが従う風の王は
自然界の支配者
「教皇」が示す霊的指導性を身につけた
永遠の魔術師**

4の『皇帝』に描かれているグランと長い間対立していたのがエルフの頂点に立つ風の王です。グランがタシルの民に慕われていたように、風の王もエルフたちに絶大な信頼を寄せられている存在。その証拠に、シンとダンスという風の種族ではないエルフの後ろ姿も見えます。

風の王がグランと違うのは、エルフの王であり、精神性と魔術的な要素が高いということでしょう。『教皇』というカードにピッタリな風の王は、王でなくてもみんなから尊敬される存在であり、いつの間にか長としての役割を果たすはずです。

このカードには、豊かな内面と包容力を持った『教皇』のような人に〝アドバイスしてもらえる〟〝助けてもらえる〟という意味もあります。その人は、スピリチュアルな存在、ズバリ宗教家かもしれません。まわりにそんな人がいないか探してみてください。

あなたは、その人物を素直に信じていいようです。心を開き、誰にも話したことがない胸のうちを語ってみましょう。すると、魂から救われるかもしれません。

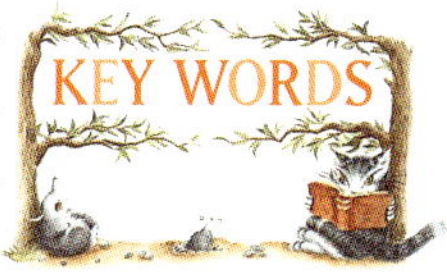

精神性　信仰　権威
従わなくてもいいけれど従ってしまうもの
幅広い人格　忠告
心から尊敬できる師
誰かに助けてもらえる
知恵に溢れた人

THE CHARIOT

VII

7

戦《せん》車《しゃ》

チャリオット

相反しながらもペアの羊の引く「戦車」
手綱を握るのは運命を握るダヤン
ジタンはダヤンにセーブをかけます
暴走しやすいから気をつけて！

白と黒の羊の戦車です。乗っているのはダヤンとジタン。白と黒、ダヤンの熱さとジタンの冷静さ、ふたつの相反するものが勢いと行動力を生んでいます。

　戦車というのは戦いの時に使うもの。だから、このカードには〝攻撃性〟や〝強気で突き進む〟というキーワードがあります。実はタロットのこのカードの戦車は、戦争に勝った後の凱旋パレードを描いたものなのです。そのため〝勝利〟や〝物事が成功する〟なんて意味もあります。このカードが出たら、勝負時ともいえます。勢いに乗り、リスクを恐れず大胆になってみてください。きっといい結果が出ますよ。

　ただ、勢いよく〝行動〟するってことは〝やり過ぎ〟ちゃうこともありますね。そのことを忘れさせないために、ジタンがダヤンにセーブをかけています。ここも見逃せないポイントでしょう。『戦車』のカードと縁があったというのは、あなたが今自信を持てる状態になっていることも示します。あなたが今までやって来たことを数えてみて。すると、自分自身を誇れるようになるでしょう。

勝利　行動　考えるよりまず行動　やり過ぎ
攻撃性　ライバルに勝つ　試験に合格する
交渉事が成功する
強気で突き進む　スポーツマン
ギャンブラー　前向きなタイプ
リスクを恐れない人

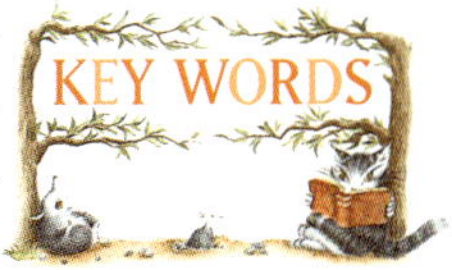

JUSTICE

VIII

8

正《せい》義《ぎ》

ジャスティス

「正義」の心を持ったイワン
かわいく小さなマルトを計る時だって
公明正大
命の重さは同じです

草花とも話をできるイワンは、とても正しい心を持ったワニ。このカードでは、左手にはかりを持つことで、〝公平さ〟と〝バランスの取れた感覚〟を暗示しています。また、伝統的なタロットの『正義』のカードに描かれている女神が正義の剣を持っているように、イワンも右手にはオノを持っているのが特徴。でも、そのオノは、正義を貫けなかった者に制裁を与えるための武器ではありません。イワンは、心の優しいきこりなのですから。

このカードは『正義』に関する〝冷静な判断〟や〝平等〟をあらわすとともに、〝人の評判〟〝みんなと仲良くする〟というような対人面のことも意味します。イワンは外見はコワイけれど、みんなに好かれるワニなのです。

『正義』のカードは、今が人との距離の取り方を学べる時であることも教えています。ベタベタといつも一緒にいることがベストではありません。相手に敬意を払い、プライバシーを犯さないことを目指してみてください。また、相手の長所も短所もすべて受け入れることも必要です。

客観性　クールさ　冷静な判断　人の評判
審判が下される　マジメさ　公平さ
バランスの取れた状態
みんなと仲良くする
判断能力の持ち主
中立な人　裁判官

THE HERMIT

IX

9

隠《いん》者《じゃ》

ハーミット

**雪狼と霜狼を従えた
世界を導くセントニコラウス
手に持つ砂時計が象徴するのは
「隠者」が過ごして来た悠久の時**

雪の神に代わってわちふぃーるどを守るのがセントニコラウス。このカードでは長い年月を示す砂時計を持っています。セントニコラウスは、普段は眠りについているのですが、わちふぃーるどの最大のお祭り・ヨールカの9日間だけ目覚め、わちふぃーるどのみんなの心に贈り物を届けます。

　そして、セントニコラウスの足元にいる雪狼と霜狼はタシルの街の守り神。ヨールカイブには、セントニコラウスに従って空を飛びます。ヨールカ以外は〝孤独〟で〝世俗の喧噪から離れ〟ているセントニコラウスは『隠者』そのもの。また、わちふぃーるどとアルス（地球）が分かれる以前からの存在として、時間の重みもあらわしているのです。

　このカードを引いたあなたは、日々の雑音に身をゆだね過ぎて、自分を見失っているのでは？　時には立ち止まることも必要です。時間をやり繰りし、ひとりになれるひときを作ってみて。その時、じっくり内面を見つめ、本来のあなたを取り戻していけば、明日への英気が養われていくでしょう。

孤独　世俗の喧噪から離れる

余計な意見を入れない　協力者はいない

分別　集中力　片思い

努力　年上の人

時間をかけること　老人

物静かな人　学者　研究者

WHEEL OF FORTUNE

X

10

運《うん》命《めい》の輪《わ》

ホイール・オブ・フォーチュン

運命のねこ・ダヤンは
ヨールカの扉と同じ文字が書かれた
「運命の輪」を回します
くるくる、くるくると、軽やかに

『運命の輪』というものがあります。これが回る時、運命は別の局面を迎えるのです。

ヨールカの扉によって、生まれ故郷のアルス（地球）から不思議の国・わちふぃーるどへやって来たダヤン。運命のねこである彼は、未来のわちふぃーるどから、アルスとわちふぃーるどが一緒に存在した過去へ旅をして世界を救います。『運命の輪』をどんどん回していくのがダヤンなのですね。

『運命の輪』のもたらす変化は、時としてとまどいや不安な心を生み出します。でも、ダヤンを見ていると、運命を受け入れたり運命に立ち向かったりするのはそれほど難しくないのかも、とも思えるのでは？『運命の輪』が回った時には、上手にチャンスをつかみ取ってくださいね。

『運命の輪』が回ることによって訪れた未来は必然で、自分の力ではどうしようもないもの。人間の力を越えた何かが働いているのです。だからこそ〝偶然〟の出会いやハプニングを運命として受けとめ、大事にしましょう。ツライ別れも〝次のステージ〟に行くために必要なのです。

チャンス　変化　好機　偶然

運命にもてあそばれる　転機　考えが変わる

次のステージ　やりかたを変える

臨機応変　気まぐれな人

発想が豊かなタイプ

未来を見つめている人

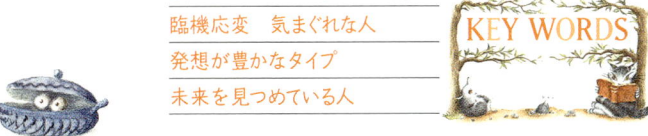

STRENGTH

XI
11
力《ちから》
ストレングス

おばあさんの大魔女セ
見かけは弱そうだけど
雪狼にこんなことまで……
それは「力」を上手に操れるから

『力』とは重い物を持ち上げたりするだけではないことを意味するのがこのカード。〝柔よく剛を制す〟ということわざがピッタリ来ます。

おばあさんになった大魔女セは、若い頃に比べて、力はずっと弱くなったでしょう。でも、力をコントロールする能力は、昔よりもずっとあるのです。だから、雪狼の口の中を覗くのだってへっちゃら。雪狼と仲良しじゃなくたって、こんなことができちゃうでしょう。

なお、大魔女セがコントロールする雪狼が示しているのは、人間の心の中に潜む欲望や、なかなか飼い馴らせない感情。また、雪狼の口に手を入れるセは〝勇気〟の必要性を教えてくれているのです。優しさこそ本当の力です。打算を捨てて相手のことを思いやることで、意外な能力が生まれたりして、ガムシャラに頑張るよりも結果的にはうまく行くものです。

どんな時も目に見える力だけに頼らず、知恵とハートを使いましょう。それによって、自分さえも知らなかった潜在能力が目覚めることもあるはずです。

柔よく剛を制す　勇気　実行力
気持ちや欲望のコントロール　物事が上手にできる
粘り強さ　秘められた力
忍耐　少しずつ説得する
不言実行　器の大きい人
感情・情緒に余裕があるタイプ

THE HANGED MAN

XII
12
吊《つ》られた男《おとこ》
ハングドマン

「吊られた男」役はキマイラ
せっかくの命の水も流れています
でも、ちょっと楽しそう!?
吊られたままでは終わりません

苦しい状況の奥にあるものを教えてくれるのが『吊られた男』のカードです。吊るされても笑っているキマイラは、いろいろなものに変身できる魔物。恐ろしい魔王の手下でしたが、好奇心からダヤンとジタンの過去への旅についていったり、ジタンの妹のバニラを大事に思ったり、かと思うと魔王に取り入って永遠の命を得ることを目指したり……。悪の要素を持ちながらも無垢な心もあって、善にも悪にも染まる可能性がある存在なのです。

　そして、このカードのように、吊るされて〝しんどい状況〟に陥りながらも、〝逆転の発想〟で活路を見出していくのがキマイラです。永遠を手にできる命の水が流れてしまっているのも、たいしたことではないのかもしれません。

　このカードを引いたあなたは、今中途半端な状態で苦しんでいるのでは？　そこから抜け出すには、自分を縛っているものは何かを考える必要があるでしょう。辛さばかりに目を奪われず、物事を反転させることを忘れずに。あなたは今、起死回生・一発逆転ができる状態なのかも！

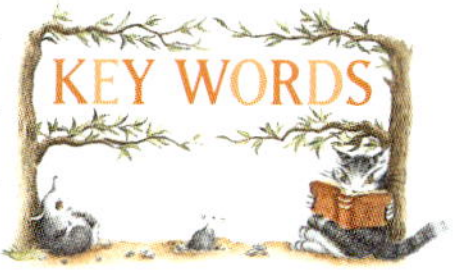

身動きできない状態　スランプ　しんどい状況
束縛　モラトリアム　目標　試練　何かの犠牲になる
逆転の発想　目標を見失う
優しい人
こだわりがないタイプ
犠牲的精神の持ち主

DEATH

XIII

13

死《しに》神《がみ》

デス

「死神」が示すのは“再生”
魔法の火によって焼かれ
魔法の風によって冷やされたボーンは
大魔女セによって生き返りました

『死神』というのは、昔から骸骨の恐ろしい姿で描かれて来ました。そして、ダヤンの世界で骸骨といえば、骨のまま生きているボーンです。ボーンは『死神』のような恐ろしい存在ではありませんが、死という〝終結〟を体験し、この世に〝再生〟したタロットカードの『死神』的な体験をしました。このカードには、大魔女セがボーンを生き返らせている儀式が描かれています。

　ボーンはもともとはイグアナで、トリポカという宝を守る番人でした。でも、生き返った後はタシルの郵便局で働いたり……。このカードが出る前と後では、まったく別の人生が展開されるのかもしれません。今までの自分と決別するのは大変だけど、皮を脱ぎ捨てた(!?)ボーンは案外いい人生を送っているようですよ。

　このカードが出て来たら、あなたが望む・望まないに関わらず、何かが終わってしまうでしょう。でも、その〝終結〟は悲しみばかりではありません。明るい要素が含まれているのです。未練は断ち切られ、後ろを振り向かず、未来へ歩み始められるでしょう。

終結　再生　気持ちの整理がつく　失敗

これまでの自分を捨てる　悪い縁が切れる

ガラリと考え方が変わる

気持ちが冷める

何かを諦めた人

本当のことをズバッと言うタイプ

TEMPERANCE

XIV

14

節《せっ》制《せい》

テンペランス

壷から壷へ水を移すマーシィ
ゆっくりと慎重に
焦りは禁物……
「節制」のつぶやきが聞こえます

かわいくてしっかり者で世話好きの、ダヤンの友だちのうさぎのマーシィ。風来坊のお父さんが不在の家の中でお母さんを支えきょうだいの面倒を見ているケナゲな女の子です。

そんなマーシィが壷から壷へ水を移し替えている姿を描いているのがこのカード。一滴もこぼさないようにするためには、〝自分をコントロール〟し、いろいろと〝調節〟しつつ、〝ゆっくりと物事を進める〟必要があります。

時間の流れが早い現代ですが、急いではいけない時というものは絶対あります。『節制』とは、ちょっとした緊張感が感じられる中で、「慎重に……じっくりと……」という声が聞こえて来るようなカードなのです。

水は心のシンボル。そのため、壷から壷へ水を移し替えている『節制』のカードが出たのは、固まっていた心が動き始めたことを意味します。自分では気が付かないちょっとした気持ちの変化……、それによって周囲との交流が生じます。急激に幸せになるのではありません。じんわりと、心地よい状況を実感できるようになるはず。

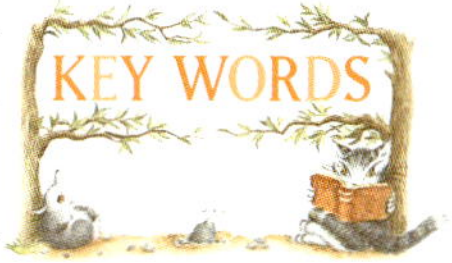

ストイック　節度　自己コントロール　心が固まる

ゆっくりと進める　礼儀正しさ　控えめな愛情

調整する　環境に適応する

間接的な忠告をくれる人物

一緒にいるだけで
心を癒してくれる人

THE DEVIL

XV

15

悪《あく》魔《ま》

デビル

邪悪な魔王と
使い魔のバジリスク
心が弱くなった時
人は「悪魔」を引き寄せてしまうのかも

わちふぃーるどの悪の頂点にいるのが死の森の魔王。邪悪でみんなから恐れられる存在です。そして、このヘビはバジリスク。魔王の使い魔です。バジリスクには、ふたつの眼の他にたくさんの目玉があります。これは、バジリスクが自分の獲物の目玉を埋め込んだものなのです。目玉はバジリスクと一体化し、やがてバジリスクの第三の目となります。ダヤンの眼もあやうくこの仲間にされそうになりました。

　魔王もバジリスクも、まさに『悪魔』なのです。

『悪魔』のカードと縁ができた時は、魔王やバジリスクのような〝悪〟に付け込まれるスキができている可能性があります。結果、悪に取り込まれ、バジリスクの第三の目のようになってしまうのかもしれません。

　ラクなほうに流れやすく、欲望のトリコになりがちで、自分をコントロールするのが難しい時期です。でも、心を強くして、悪に立ち向かうようにしましょう。今までの努力が無になってしまわないように……。これから先、胸を張って生きて行けるように！

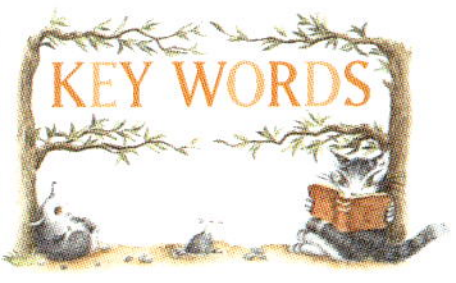

心のシャドウ　弱さに付け込まれる　生活の乱れ

過剰防衛　悪に染まる

心の奥の悪の因子に気づく

誘惑に負ける　何かが遅れる

ズルイ人　誘惑者

カリスマ的存在

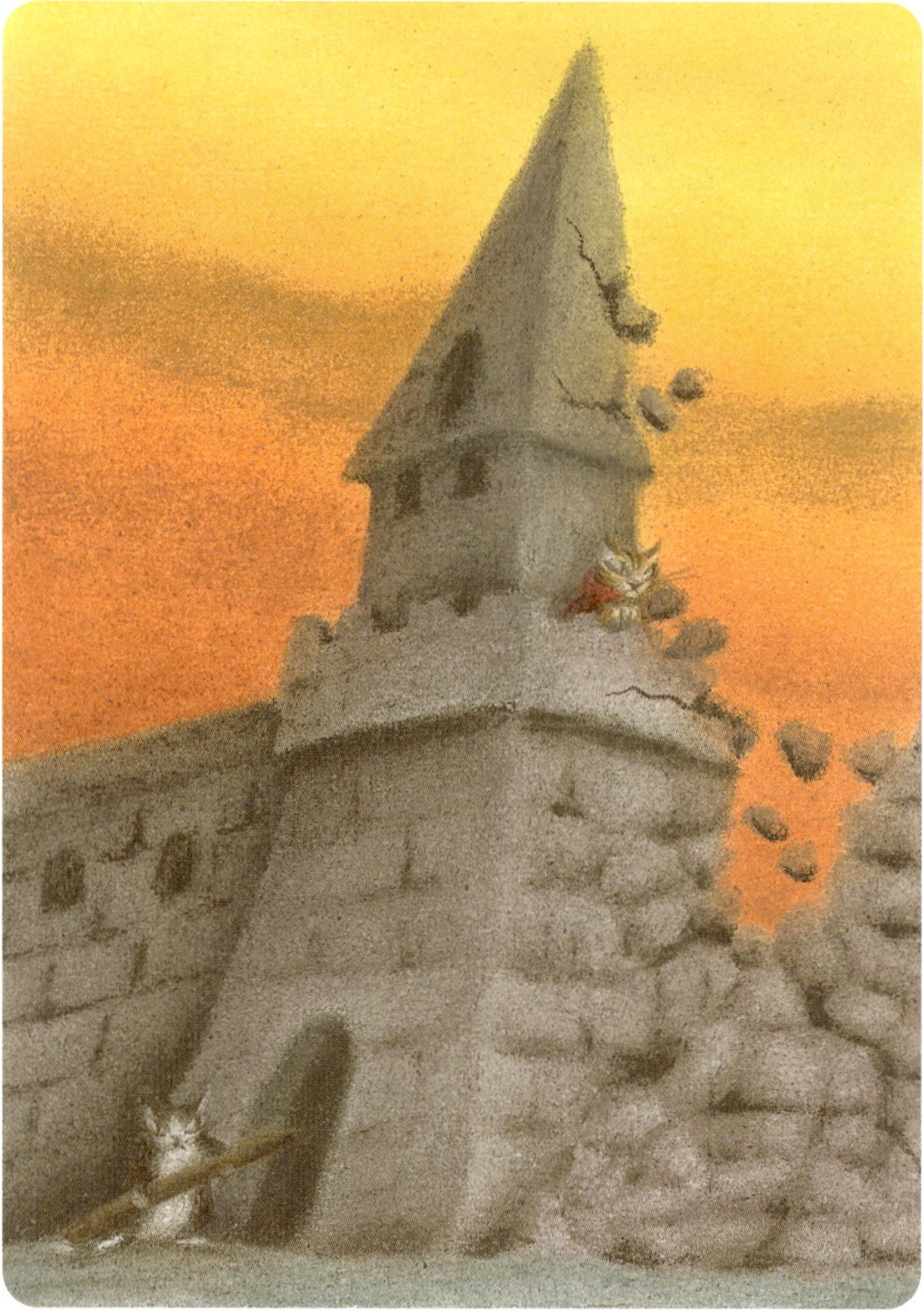

THE TOWER

XVI

16

塔《とう》

タワー

聖書のバベルの塔になぞられた
タシル城の「塔」
城主グランと王子ジタンを
衝撃的な崩壊が襲います

『塔』のカードは、旧約聖書に書かれたバベルの塔の崩壊をモチーフにすることが多いようです。人間は天に届くようにバベルの塔を作りました。そのおごりたかぶりが神の怒りを買い、バベルの塔は一瞬にして崩壊したのです。

このカードでは、タシル城の塔が崩れ行く様が描かれています。グランは素晴らしい王様でしたし、王子のジタンも賢いねこです。タシルの民もおごりたかぶっていたわけではありません。でも、崩壊はやって来たのです。

そびえたっていた塔に雷が落ちたような、電撃的な〝ショック体験〟や〝アクシデント〟と、その後の〝突然の変化〟などをこのカードは暗示しています。衝撃的なカードですが、いつまでも衝撃に打ちひしがれているのではなく、マイナスをプラスにする方法を探しましょう。破壊なくしては建設はない、とも言えるのですから。また、過去の前例にこだわっていた人たちが考えを変えてくれる、など、状況があなたに有利になることもあるでしょう。崩壊の後は不幸とは限りませんよ。

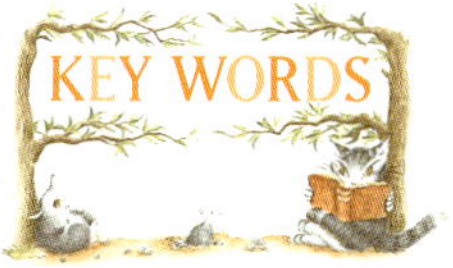

突然の変化　ショック体験　アクシデント
信じていたものが崩れる　ケガ
得意なことで失敗する
トラブル　ケンカ
エキセントリックなタイプ
奇をてらう人

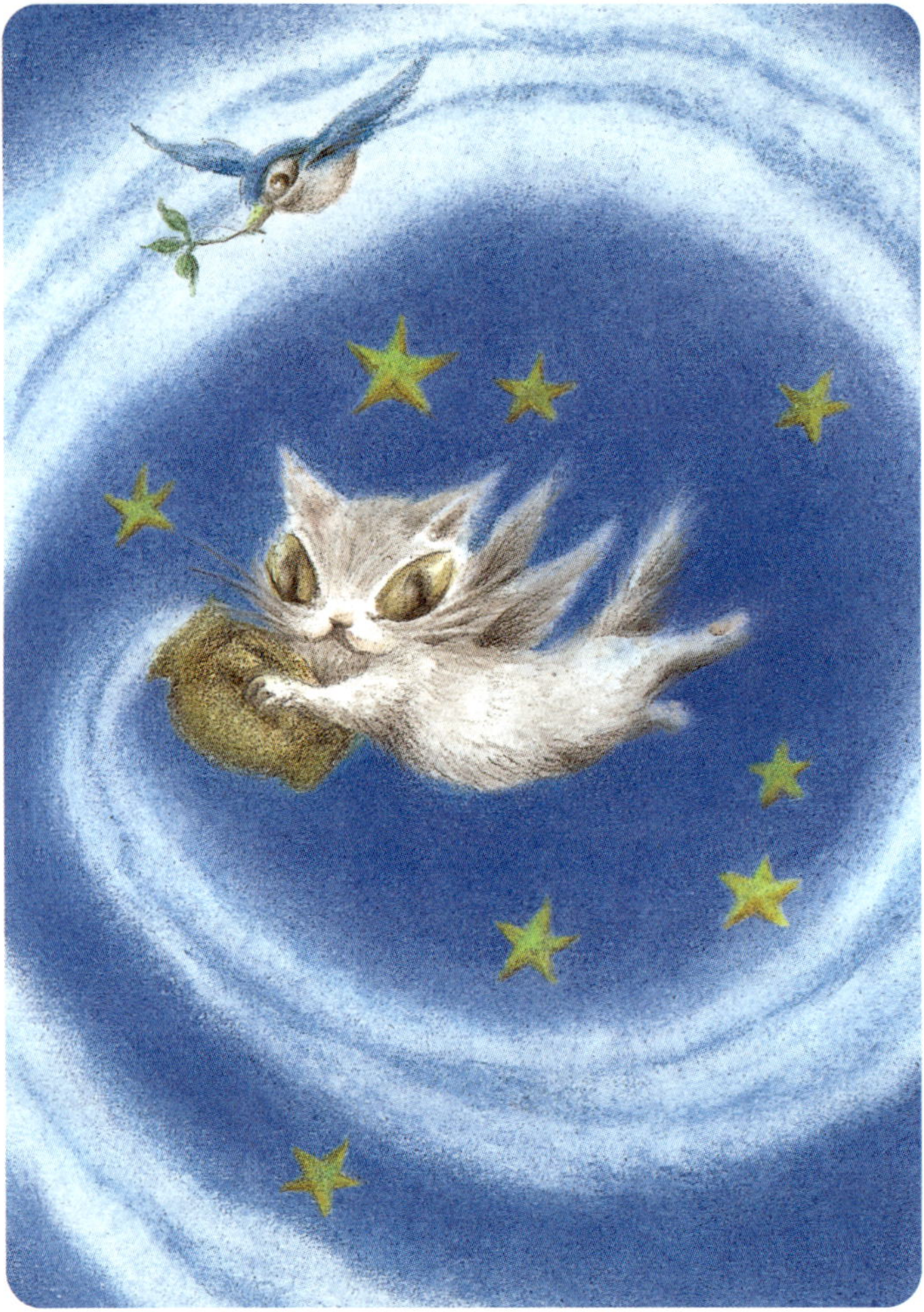

THE STAR

XVII

17

星《ほし》

スター

真っ白でフワフワしたバニラ
天使になったバニラ
「星」の世界で
みんなに希望を振り撒きます

体を包む真っ白な毛と同じように、汚れのないバニラ。ジタンの妹でありタシルの姫君ですが、それだけでなく、かわいく柔らかく、心がほんわかと温かくなるような存在です。

　そして、このカードでは、可憐な天使になり、星の世界で〝希望〟をたくさん振り撒いているところが描かれています。幸せの青い鳥も見えますね。タロットカードには多くのパターンがあり、中には『星』の中で水を汲む女性が描かれているものもあります。そのためバニラも水瓶を持っているのでしょう。

真っ暗な夜空にキラキラと輝く『星』は、先の見えない世の中の〝可能性〟の光。このカードが出たら、道は『星』の光によって照らされたと思ってください。

　また、『星』のカードは、〝初恋〟や〝初心〟も意味します。ピュアだった頃に立ち戻ることによって、希望を手に入れられるのです。そして、損得勘定に縛られず、条件にとらわれず、どんな状況でも無理と考えない姿勢が、純粋な精神を育み、良い変化を呼んでくれることになるでしょう。

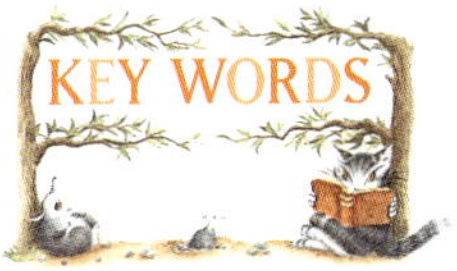

希望　浄化　純粋な気持ち　新鮮な状態　初心

やる気が戻ってくる　友情に近い恋　高い目標

明るい可能性に
向かって歩んで行く

高い理想の持ち主

わけ隔てのない感覚の人

THE MOON

XVIII

18

月《つき》

ムーン

**「月」のタロットに描かれたザリガニは
わちふぃーるどでは大さそりに変身
曖昧な「月」を背に
月のおばさんは糸を紡ぎます**

『月』と言ったら月のおばさん。ダヤンの友だちのマーシィのおばさんで、本名は月に届くほど長く、『月』を上手にあやつることができます。

月のおばさんが糸を紡いでいるのは、「糸を紡ぐ」という行為が、ギリシャ神話に出て来る『月』の女神アルテミスを暗示しているからです。

また、あるタロットの『月』のカードには、生と死の境界の守り手であるザリガニが描かれています。そして、このカードでその役割を担っているのは、雪の神が死の森とタシルの分断のために砂漠に放った大さそりです。

『月』は満ち欠けし〝曖昧〟で〝不安〟をかきたてる陰の存在。普段は隠している〝裏の顔〟も映します。そして、女性は月の影響を受けやすいようです。

真実は夜の闇の中。『月』がそっと映し出す現実の輪郭は、人に〝胸騒ぎ〟を起こさせます。

このカードを引いた人は、事実よりも〝妄想〟が自分を支配しているのをひそかに感じているのではありませんか？　客観的に現実を見つめることが必要ですね。

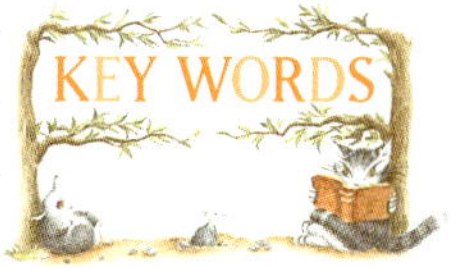

不安　妄想　夢想　曖昧さ　隠れた敵　裏切り

直感　深層心理　胸騒ぎ　不信

女性ならではの感覚

女性特有の病　夢想家

アーティスト

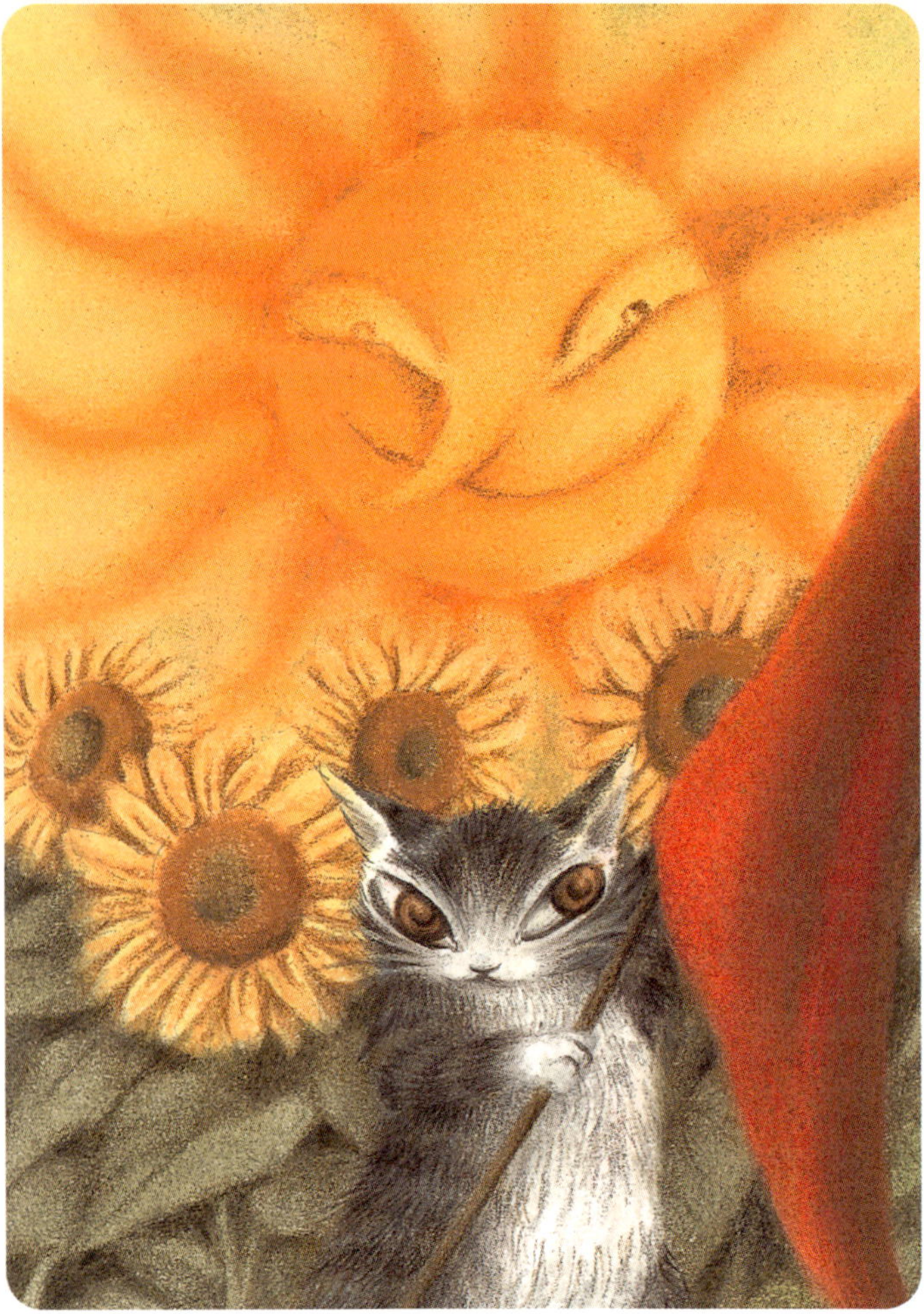

THE SUN

XIX
19
太《たい》陽《よう》
サン

おひさま大好き！
太陽のねこ・ダヤンはタシルの守り神
太陽をたたえる旗にもひまわりにも
ダヤンと「太陽」の情熱が

『太陽』の恵みがいっぱい感じられるカード。『太陽』の旗をかかげるダヤンの毛も、『太陽』の熱をたくさん吸収して温かそうですね。

『太陽』は、太陽系の中心にある星です。そのため、このカードは〝自分自身〟や〝アイデンティティ〟や〝意識〟などを象徴します。誰だって、自分の物語の中心人物なのですから。

また、18の『月』が陰なら『太陽』は陽。『月』が裏なら『太陽』は〝表〟。〝健康〟や〝成功〟〝名誉〟など肯定的なことを意味します。『太陽』は自分で輝ける星ですから〝魅力〟や〝注目度〟や〝華やかさ〟なんてキーワードもあるのです。まさに、みんなに愛されるダヤンにピッタリですね。

明るい光ですべてのものを照らし出す『太陽』。〝あからさまになる〟〝公になる〟といった意味も持ち合わせています。カップルなら公認の仲になったり、結婚やプロポーズが期待できるでしょう。仕事ならみんなの称賛を浴びるような〝成功〟が待っているはず。このカードが出たら、素直に喜び、ハッピーな毎日を満喫してください。

意識　明晰さ　自分自身　アイデンティティ
注目される　あるがまま　華やかさ　魅力
表の顔　成功　名誉
公明正大　健康
スター　アイドル
魅力を放っている人

JUDGEMENT

XX

20

審《しん》判《ばん》

ジャッジメント

「審判」の時は訪れます
アビルトークが滅亡する際
ダヤンは太陽の力を借りて雪の神を説得
今の緑のわちふぃーるどになったのです

キリスト教の「最後の審判」って知っていますか? 世界の終末の時、天使がラッパを吹いてそれを知らせるのだそうです。この『審判』のカードでその役目を買って出ているのが、天使の羽根を持ったダヤンです。

ダヤンは、アルス(地球)やわちふぃーるどが一緒に存在していた世界・アビルトークの滅亡に立ち合い、雪の神を説得した、救世主としての役割を持ったねこ。アビルトーク的「最後の審判」はこういうカンジになるわけです。

「最後の審判」では死んだ人が〝復活〟します。そのため、このカードには〝回復〟〝愛がよみがえる〟という意味もあります。別れた人とまた愛し合う、なんてことが起こるかもしれません。

また、死者を呼び覚ますほどのラッパの音から〝突然の気づき〟や〝ひらめき〟なども暗示しているのです。それによって、認識が一歩広がったりするでしょう。長所や欠点が違うカタチで見えて来ることもあるはずです。このカードが出たら、行き詰まった状態から抜け出すきっかけがやって来ると思ってください。

突然の気づき　ひらめき　目からウロコが落ちる

復活　回復　過去から学ぶ　新しいアイデア　決断

愛がよみがえる

長い間会っていなかった友だち

昔好きだった異性

考え方がかなり違う人

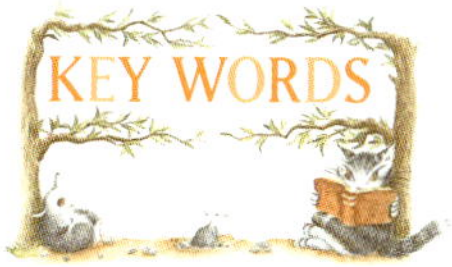

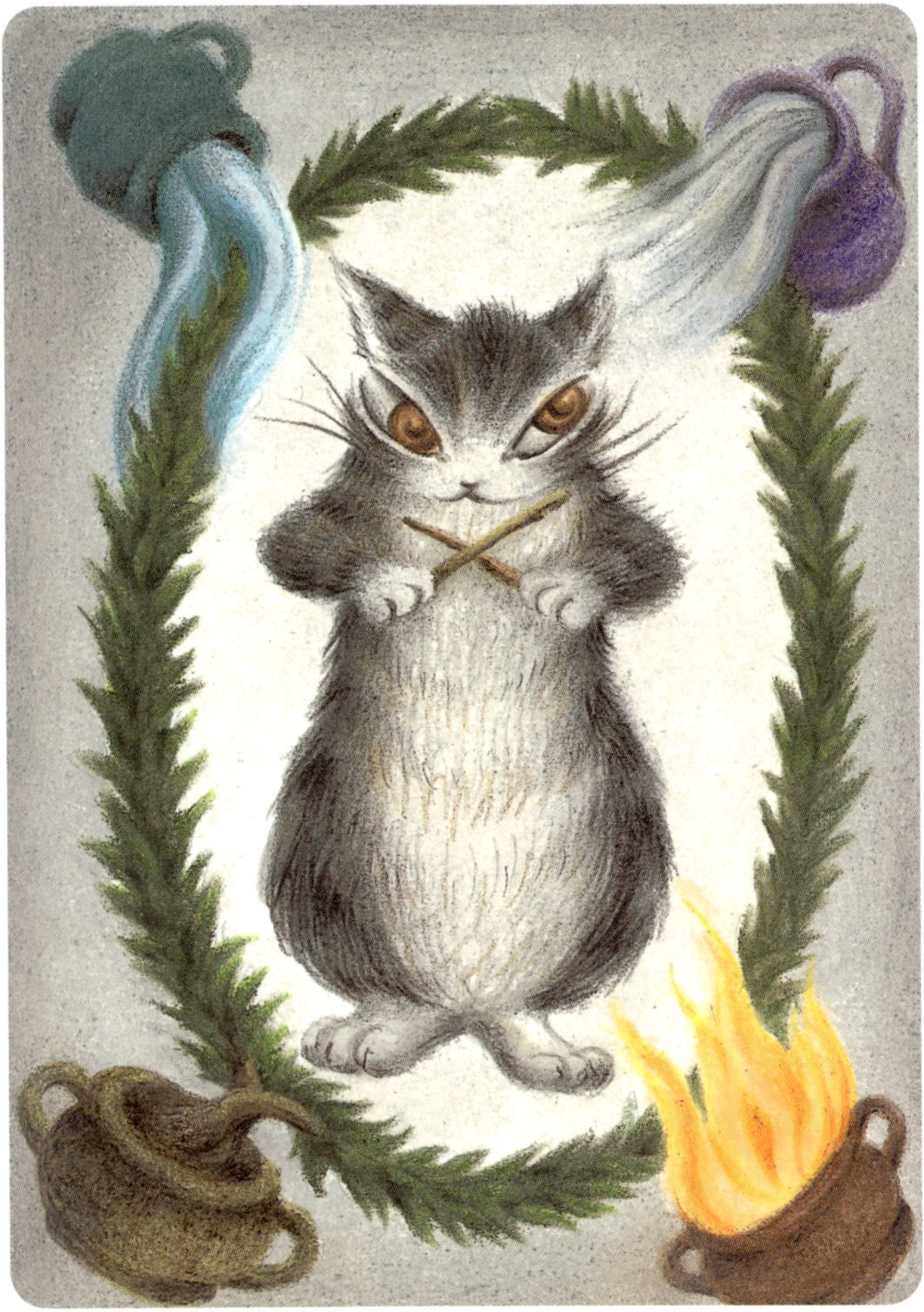

THE WORLD

XXI

21

世《せ》界《かい》

ワールド

万物を創り出す四大元素に囲まれ
アルスとわちふぃーるどの枝を
胸に掲げたダヤン
タロットの「世界」はこれで完結

『世界』を構成する物は、水・風・火・土の四大元素によってできている、という考えに基づいたカードです。そして、ダヤンの手にある二種類の枝によって、アルス（地球）とわちふぃーるどという、かつてひとつだった『世界』やふたつある『世界』が表現されています。

『世界』が成り立つこと……、それは四大元素が複雑に交ざり合い、からみ合った末の〝完成〟です。そしてタロットカードも『世界』という21番目のカードで〝完成〟します。これで〝ゴール〟、〝目標達成〟なのです。

このカードと出会ったら、あなたの『世界』にも、〝最高の幸せ〟や〝ハッピーエンド〟が訪れる可能性が高まっています。このカードは、今の状況は間違っていないのだからこのまま頑張っていけばいい、というサインなのです。ただ、〝目標を達成する〟ということは、目標を失うことでもあります。また、幸福で安穏とした毎日は退屈かもしれません。幸せの後ろにある〝マンネリ〟を感じたら、また『愚者』に戻り、ゼロから何かを始めてみるのもいいでしょう。

完成　長寿　ピーク　ハッピーエンド　達成
マンネリ　安定した愛　最高に幸せな気持ち
ゴールに到達する
目標に手が届く　幸せな人
満たされている人
円満な家庭の持ち主

大アルカナ・小アルカナについて

タロットカードは本来22枚の絵札「大アルカナ」と
56枚の「小アルカナ」からなる78枚が「フルセット」です。

そのうち22枚の大アルカナはタロットの核心といえるもので、
ここからさまざまな意味を引き出せます。

また小アルカナは現在のトランプの元になったカードです。

タロット占いは大アルカナだけで十分行えますが、
より深くタロットの世界を学びたい人は、
大アルカナでの占いをマスターしてから、
小アルカナもふくめたフルセットでの占いに
チャレンジしてください。

第2章

タロット占いを始めましょう

3つの約束と6つの占い方

タロットの世界へようこそ

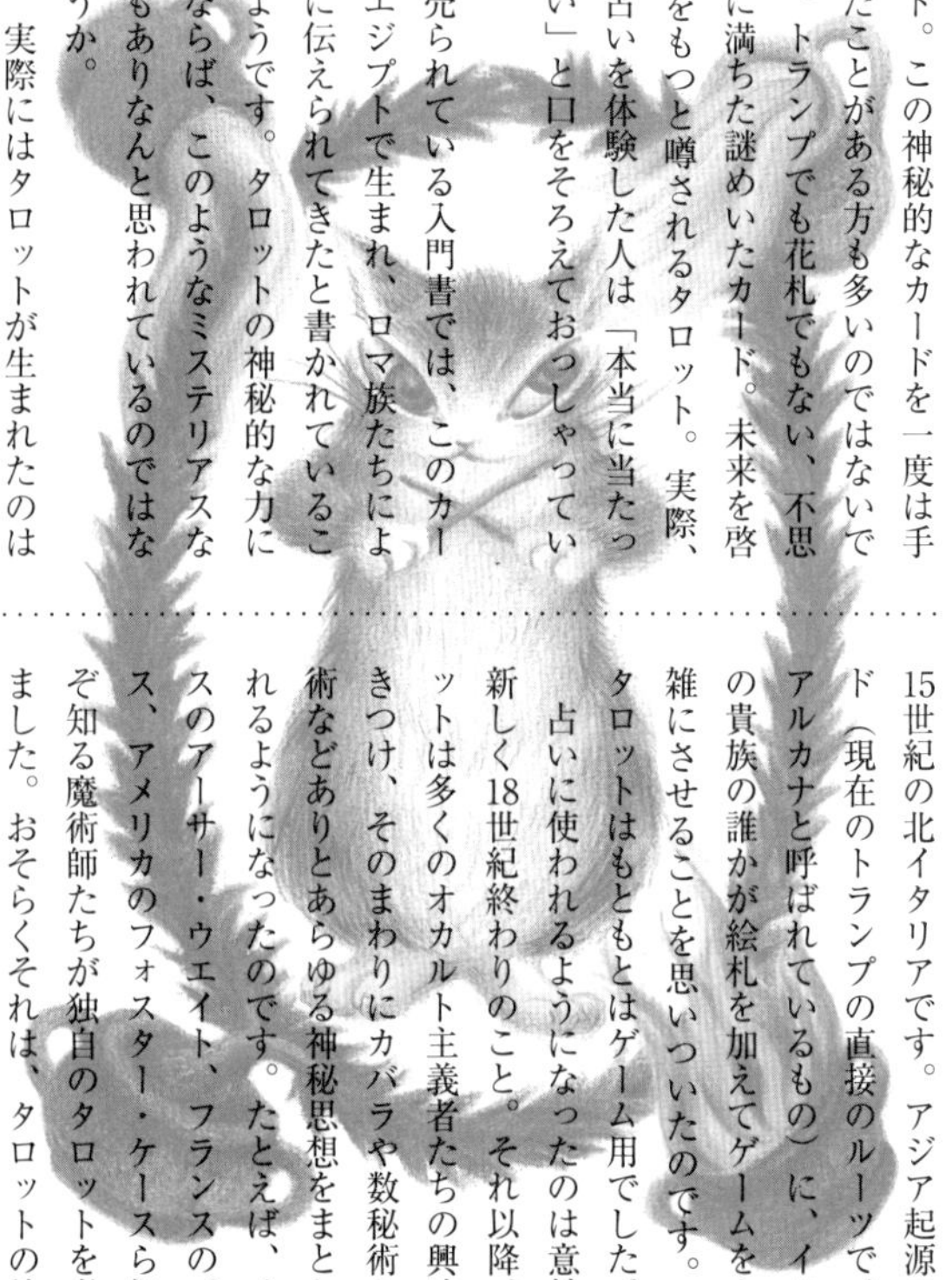

タロット。この神秘的なカードを一度は手にとられたことがある方も多いのではないでしょうか。トランプでも花札でもない、不思議な寓意に満ちた謎めいたカード。未来を啓示する力をもつと噂されるタロット。実際、タロット占いを体験した人は「本当に当たっていて怖い」と口をそろえておっしゃっています。

一般に売られている入門書では、このカードは古代エジプトで生まれ、ロマ族たちによって現在に伝えられてきたと書かれていることも多いようです。タロットの神秘的な力に接した人ならば、このようなミステリアスな歴史もさもありなんと思われているのではないでしょうか。

しかし、実際にはタロットが生まれたのは15世紀の北イタリアです。アジア起源のカード（現在のトランプの直接のルーツで、今小アルカナと呼ばれているもの）に、イタリアの貴族の誰かが絵札を加えてゲームをより複雑にさせることを思いついたのです。そう、タロットはもともとはゲーム用でした。

占いに使われるようになったのは意外にも新しく18世紀終わりのこと。それ以降、タロットは多くのオカルト主義者たちの興味をひきつけ、そのまわりにカバラや数秘術や占星術などありとあらゆる神秘思想をまとわせられるようになったのです。たとえば、イギリスのアーサー・ウエイト、フランスのパピュス、アメリカのフォスター・ケースら知る人ぞ知る魔術師たちが独自のタロットを考案しました。おそらくそれは、タロットの絵柄のなかに人の心をゆさぶるだけの強いイメージがあったからでしょう。

現在ではさらに、多くの解釈がなされ、オカルト的な教義にこだわらない実に多種多様なタロットが作られてコレクターたちを興奮させています。タロットは実にすばらしい創造性の発露の場でもあるのです。

この「ダヤンのタロットカード」は、とてもキュートでユニークなわちふぃーるどの世界を舞台にしたカードです。基本的なタロットの構造や意味は伝統的なものと同じ（というよりもそれはなかなか変えられるシロモノではありません）ですが、登場人物がダヤンをはじめ、わちふぃーるどのキャラクターたちになっています。

これらのキャラクターがあなたの問いに答え、明日のためのヒントを与えてくれるのです。これって、ちょっとすごいことだと思いませんか？

さあ、ダヤンのタロットの世界へようこそ。そこには希望に満ちた啓示が待っています。

もしカードをなくしてしまったら……

本書にはタロットカード22枚の他に、白地の予備カードが２枚入っています。タロットカードは大切に扱ってほしいですが、もしカードをなくしたり汚したりしてしまったら、この予備カードで代用してください。でももしかしたら、なくなったカードはあなたに何かの示唆をしているのかもしれません。消えたカードが持つ意味を、自分の心に問いかけてみてください。そのカードが教えているのは、あなたが今、背を向けていること、心を閉ざしていることなのかもしれません。

タロット占い3つの約束

タロット占いをする時は守らなければならない3つの約束があります。これらを頭に入れてからタロットカードと向き合いましょう。

❶ 心を落ち着けて占う

タロットカードは、あなたの潜在意識に語りかけたり未来を教えてくれるものです。目に見えない真実を導き出すには、軽い気持ちでは難しいでしょう。落ち着ける環境で集中してから、占い始めるようにしてください。部屋をキレイに片付けたり、心地よい音楽をかけたり、照明に気を配ったりするのは大賛成。また、タロットカードを大事に扱うほど、カードがあなたの問いに答えてくれるようになるでしょう。

❷ 前向きに未来を読み取る

タロットカード占いとは、あなたやあなたのまわりの人を幸せにするためにするものです。そのため、良くない結果が出たからといって、人を傷つけたり落ち込ませてはいけません。不吉と言われるカードにも、いい意味はあるものです。どんな場合でも、ポジティブに考え、不幸を防ぐ方法や“災い転じて福と成す”策を探りましょう。それによって、カードの持つ奥深い部分に触れることができるようになるはずです。

❸ やり直しは禁物

望んでいない結果が出たり、当たっていないと思うような内容になったら、つい「もう一回やり直そう」という気持ちになりがちです。でも、それは混乱を招くだけ。二度目、三度目と回を重ねるほど、感情的になり真実からは遠のいて、迷宮をさまようことになるのです。それよりも、一度目の占いの結果を受け入れ、客観的リーディングをしてみてください。同じ内容のことを占うのは、せめて日が変わってからにしましょう。

カードのシャッフル、カットから始めましょう

まずシャッフル！

カードの山を崩して、右回りにゆっくりとかきまぜます。

タロット占いはシャッフルから始まります。テーブルをかたづけ、充分なスペースを作ったら、その上にカードを裏向けにしておきます。そして、占いたいことを真剣に念じながら、両手でカードをかきまぜるのです。うっかりカードを裏返してしまうことのないように。気が済むまで混ぜたら、裏返しのままカードをひとつの束にまとめます。

そしてカット

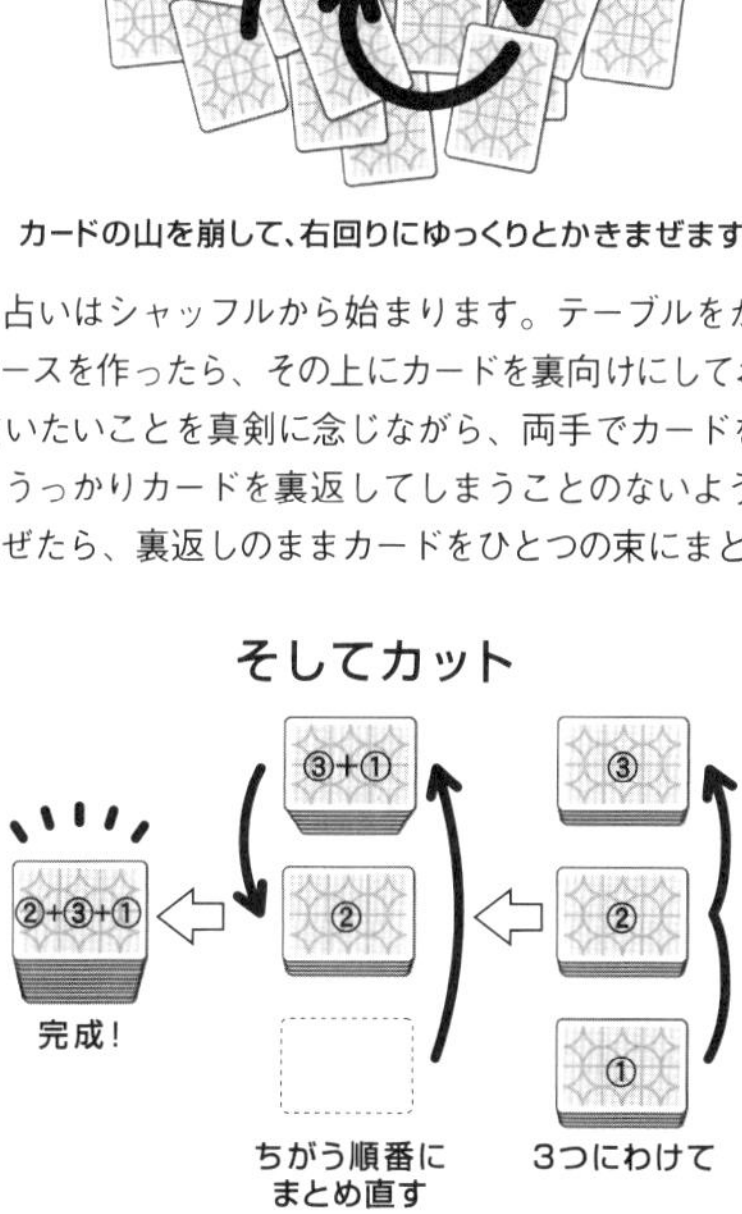

カードを充分にシャッフルしたら、今度は「カット」（切る）作業に移ります。やはり占いたいことを心のなかで念じながら、左手で（左利きの場合には右手で）カードの山を、大体目分量で3つの束に分けます。そして、今度は直感で先程と順番を変えてもう一度、束をひとつに積みなおします。これで、占う前の作業が完了しました。

占い1

すぐに答えを知りたいとき

すぐに答えが出る占いです。迷いごとがあるとき、
タロットの声を聞いてみて。

[**ワン・オラクル** ～1枚のお告げ～]

◆占いかた

22枚のカードをすべてよくシャッフルして、カットします。このとき、占いたいことをはっきりと頭のなかで思い描くことが重要です。質問をよく整理して。そして、カードの山の一番トップにきているカードを取り出し、テーブルの上に表を向けておくのです。そのカードがあなたの悩みに答えを出しています。

◆場所があらわす意味

答え

この占いは1枚のカードだけでぱっと答えを導く占いです。過去や未来のことではなく、あなたがなすべきことが端的なかたちであらわれるのが特徴。たとえば、『戦車』『太陽』などの積極的なカードであれば、進め、のサインですし、『死神』や『悪魔』であれば、何か注意すべきことがあるという兆しだと、札は告げています。

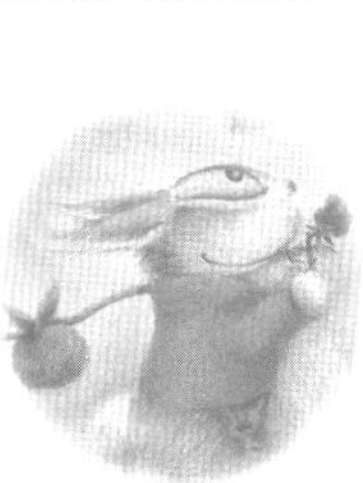

こんなカードが出たら？

【問い①】

【問い②】

【問い①】子猫を飼いたいのですが……

帰宅途中に、「子猫をもらってください」という張り紙を見つけました。とてもかわいいので飼おうかどうしようか迷っています。どうしたらいいでしょうか。

◆カードはこう伝えています

答え（1）奇術師

子猫はとても活発で好奇心が旺盛な子のようですね。あなたが飼いたくなる気持ちもわかりますし、あなたに新しい刺激を与えてくれる相手になります。答えはイエスです。ただし「技術」の意味から、猫を飼うための正しい知識をあなたが習得することも必要だとカードは言っています。

【問い②】友達とすれ違いが続いています

長年の親友が、最近なぜかよそよそしくなってしまいました。私は今までと変わらずに、これまで通りつきあっていきたいのですが、どうしたらいいのでしょうか。

◆カードはこう伝えています

答え（3）女帝

「女帝」が表すのは、強い母性原理です。問題の本質も、そこからの解決法も、ここにあるのではないでしょうか。母性は、自分が愛するものを守ろうとします。しかし、自分から離れていこうとするものにたいしては、そのあとに生じる孤独感への恐れから極端な反応をするようになります。たとえばどちらかにBFができたとかほかに親しい友人ができたとか、あるいはキャリアアップをした、ということから、それまで感じていたつながりのあり方が変化する、そのことへのささやかな抵抗が生まれているのかもしれません。必要なのは、状況が変わっても気持ちの上でつながっていくことは可能だ、と相手に伝えること。きちんと話をすれば大丈夫です。

占い2

原因と結果を知りたいとき

過去から現在、現在から未来へと飛んでいく時間の矢に乗って、3枚のカードがあなたに、原因から結果まで、真実を教えてくれます。過去・現在・未来と、時系列に占うやりかたです。

[タイム・アロー ～時間の矢～]

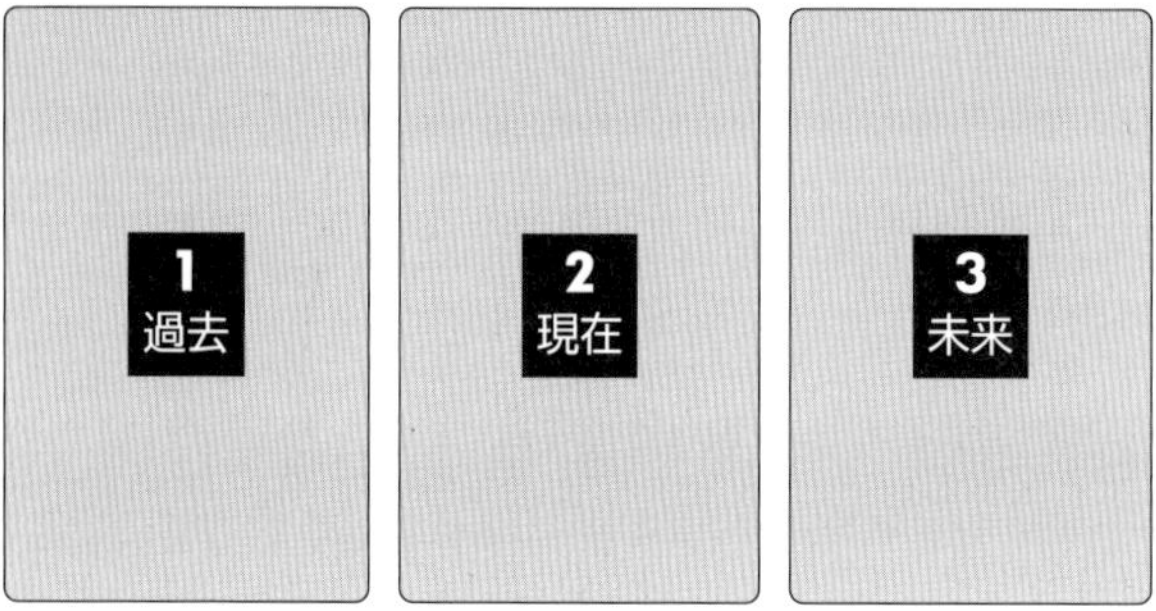

◆占いかた

3枚だけのカードを使う簡単な占い方法です。過去、現在、未来という時間軸にそって、ものごとの展開を読んでゆくオーソドックスな占いかた。「このことの過去と現在、そして未来のことを教えてください」と質問を絞り、カードをシャッフル&カットして山の上から図に従って1、2、3と3枚カードを並べ、札を開きます。そして、解釈。

◆場所があらわす意味

1 過去

今の状況を作った原因など、問題のルーツの所在や過去の状況をあらわしています。問題の発端が見えてくるはずです。

2 現在

今のあなたが置かれている状況を示しています。ここのカードをじっくりと見つめることで、問題の本質は何かがきっと見えてくるでしょう。いまだ気づいていない問題もわかるはずです。

3 未来

未来を示すカードは、問題の結果を示します。現段階で考えられる、問題のゆくえ、結論を示すものです。ただ、タロットでは決定的なものとしてこのカードを読まないこと。たとえ『死神』などの厳しいカードが出たとしても、希望を失わないで。あくまでもそれは、今のまま進めばやってくる未来。努力しだいで変えられるのです。

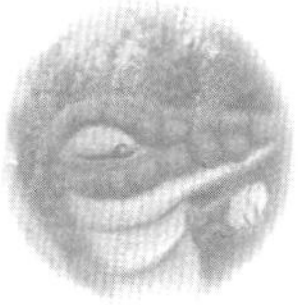

こんなカードが出たら？

1

2

3

【問い】同僚と仲直りできるでしょうか？

職場でいちばん親しい同僚と、ささいなことで言い争いをしてしまいました。それからお互いに気まずい感じです。以前のように、仲良くできるでしょうか。

◆カードはこう伝えています

3枚のカードがこう並びました

❶過去（2）女教皇

これは口に出しては言えない秘密の感情をあらわしています。あなたのなかにひそかに彼女に対して思っているところがあり、それをこれまで上手に口にできなかったのではないでしょうか。それがケンカが起こってしまった本当の原因のようですね。

❷現在（7）戦車

状況は速い速度で動いています。あなたのほうから積極的にもう一度彼女に働きかけるムードですし、また、実際にそうすべきだとカードは告げているようですね。状況を変えるためにはあなたのほうで勇気を振り絞って行動することも必要なのでしょう。まずは行動を起こして。

❸未来（1）奇術師

フレッシュなスタートが再び切れることが示されています。相手の新鮮な面も見られるようになりますし、またもっと上手に、お互いの意志を疎通させることができるようになります。雨降って地固まる、ということなのでしょう。

◆全体で見ると……

どうもあなたの無意識のなかに彼女に対してなんとなく言葉にできないわだかまりがあったようですね。それはあなた自身も気づいていない種類のもの。それが暴発しました。しかし、それは今の関係を変えるために必要だったのでしょう。今、あなたのほうから積極的に彼女に働きかけることで、話し合いのチャンスが生まれ、さらに仲良くなるきっかけを作ることができます。新しく新鮮なお互いを発見できるはず。

占い3

相性を占いたいとき

誰かとの関係を占うならコレ。４枚のカードがあなたと相手の心と未来を浮き彫りにします。交際に迷ったら、出会いがあったら、ぜひやってみてください。

［ダイヤモンドクロス・スプレッド
～ふたりの輝く未来～］

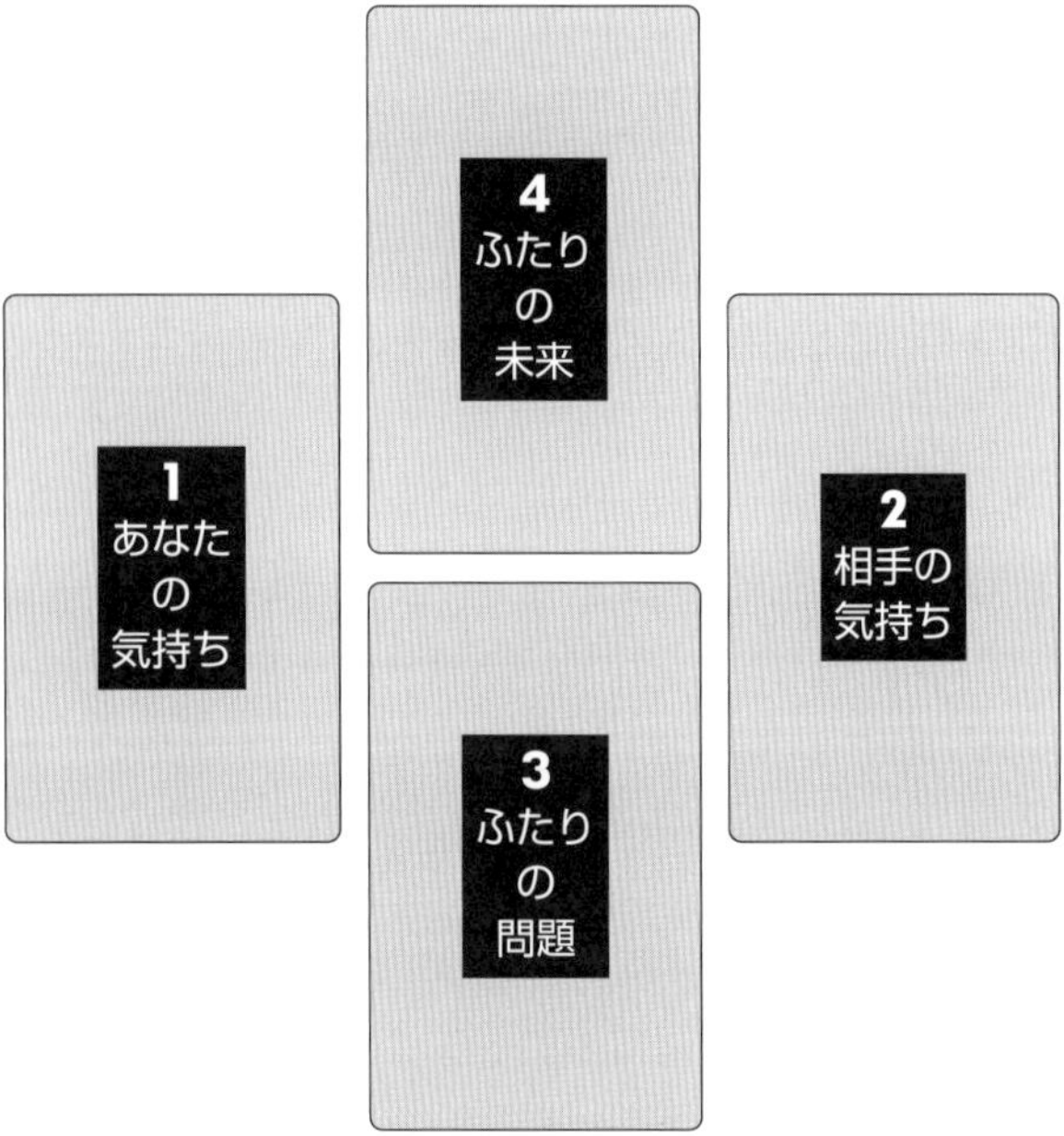

◆占いかた

恋や友情の先行きや未来を知るのに最適な占いです。まず、占いたい相手のことを思い浮かべながら、22枚のカードをよくシャッフル&カットします。次に、上から順にカードを引き、図のように裏にして並べてください。それから、心を落ち着けて、1枚ずつ開けていきます。

◆場所があらわす意味

1 あなたの気持ち

このカードは、あなたの立場や状況、あなたが気づいていない相手に対する本当の気持ちを教えてくれるものです。

2 相手の気持ち

相手があなたに対してどう思っているのかを示します。行動の裏に隠された真実とは、いったいどんなものなのでしょう?

3 ふたりの問題

ふたりで幸せを築いていくのに障害になるものは何か、ということを示すカードです。1、2のカードの意味を考えた上で、このカードがあらわす試練を導き出しましょう。そして、乗り越えるべく頑張ってください。

4 ふたりの未来

ふたりがこの先どんな関係になっていくかをあらわしています。悪いカードが出ても気を落とさないで。3の問題を解決すれば、ふたりの未来は好転するのですから。

こんなカードが出たら？

4

1

2

3

[ダイヤモンドクロス・スプレッド ～ふたりの輝く未来～]

【問い】 彼の気持ちを知りたいのですが……

気になる彼が出現しました。でも、彼の気持ちが全然見えません。思いを伝えるべきか迷っています。彼は私のことを好きなのでしょうか？

◆カードはこう伝えています

4枚のカードがこう並びました

1 あなたの気持ち（4）皇帝

あなたの気持ちをあらわしているのは『皇帝』。これは、あなたのなかでしっかりと気持ちが固まっていて積極的に行動できるだけの準備ができていることを示しています。すぐにでも相手をリードしたい、と思っているのではないでしょうか。これは強い意志やリーダーシップをあらわすカードなので、もしかしたら、彼のほうは恋の気持ちを明らかにしたり、ふたりの関係をあからさまにすることに対して引き気味なのかもしれません。もしかして職場の恋愛？なんて想像をしてしまいます。

2 相手の気持ち（2）女教皇

彼の気持ちは、あなたとは対照的にまだはっきりとはしないようですね。あるいは今のところ、色恋のほうに気持ちが向いていない、というところなのかもしれません。ただ、もしかしたら、「秘密」という言葉から連想されるように、あなたにひそかに好意を持ち始めているという可能性もありますね。

3 ふたりの問題（19）太陽

問題になっているのは、『太陽』のカードです。これは幸運を示すカードですから、基本的には大きな問題はな

いと考えてもいいのですが、『太陽』は「公明正大」といった意味があるのです。

4 ふたりの未来（6）恋人

最高の恋のカードがふたりの未来を示す位置に出ました。これは、ふたりの輝かしい未来を象徴しています。このままいけば、きっとふたりはカップルになれるでしょう。問題は彼のシャイな気持ちですから、そこをクリアするようにあなたが積極性を発揮するほかはないのではないでしょうか。

占い4

どちらか決めかねているとき

人生にはふたつのうちのどちらかを選ばなければならない、というときが案外あるものです。これは、そんなケースにピッタリなタロット占い。さて、あなたがすべき正しい選択とは？

[二者択一のスプレッド ～運命のわかれ道～]

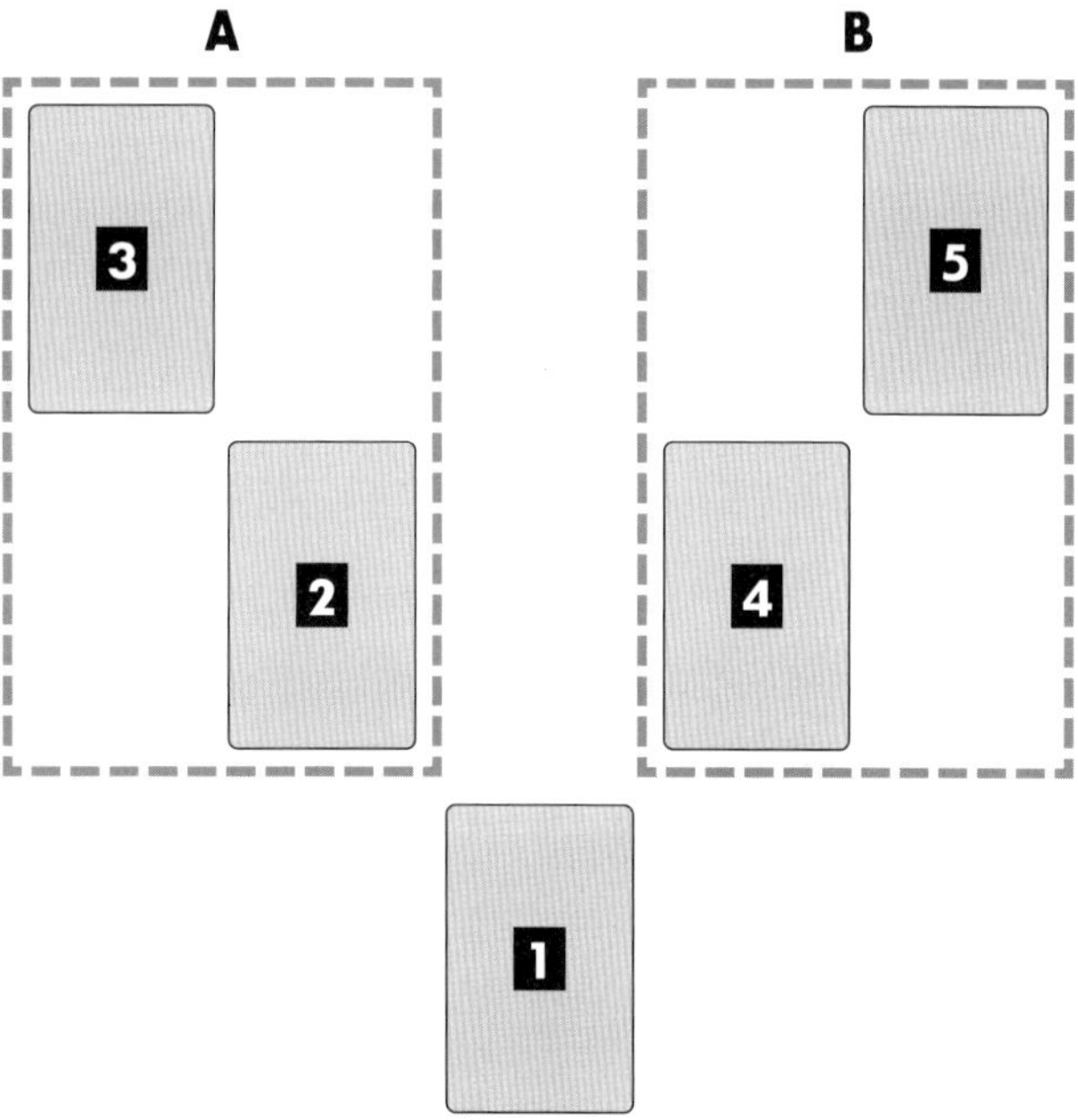

1 現在の状況

2と**3**　**A**を選んだ場合の未来

4と**5**　**B**を選んだ場合の未来

◆占いかた

ふたつの選択肢があり、どちらを選ぶか決めかねているときにやるといい占いです。まず、占うテーマを思い浮かべながらカードをよくシャッフル＆カットします。次にAとBに当てはめる内容を決めてください。例えば「どちらの進路に進むべきか悩んでいる」なら、占うテーマは『進路のこと』。そして、Aには『a校』、Bには『b校』を当てはめるのです。ここまでできたら、束の上からカードを1枚ずつ取り、右の図のように1から5の順で5枚のカードを置いていきます。このときカードは最初からすべて開いてください。2と3のカードを置くときはAのこと、4と5の場合はBの選択肢をイメージすることが大事です。

◆場所があらわす意味

1 現在の状況

現状はどうなのか、ということを教えてくれるカードです。現実はあなたが把握しているものとは違うかもしれません。

2と3 Aを選んだ場合の未来

あなたがAを選択したら、どのような人生になるかを暗示しています。2→3の順で時間が流れます。つまり2がAを選んだ場合の近い将来、3がAの結果です。

4と5 Bを選んだ場合の未来

あなたがBを選んだらどうなるか、を示しています。Aと同じように、4→5の流れで事態は進行していくでしょう。そして、4がBを選んだときの近未来、5がBを選んだ場合の結果となります。

Aの2＆3・Bの4＆5、それぞれのプロセスと結果を比較し、じっくり考えてからAまたはBのどちらを選んだほうがいいかを自分で決めましょう。

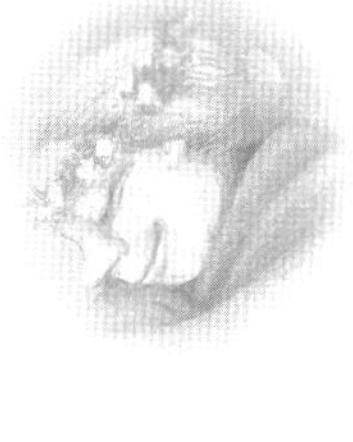

占い5

目標に向かって歩み始めたとき

大昔、わちふぃーるどの西にあったアルトス・セテ。その宝を得るために必要なのが４つのトリポカです。それぞれのトリポカの魔法があなたを目標達成に導きます。

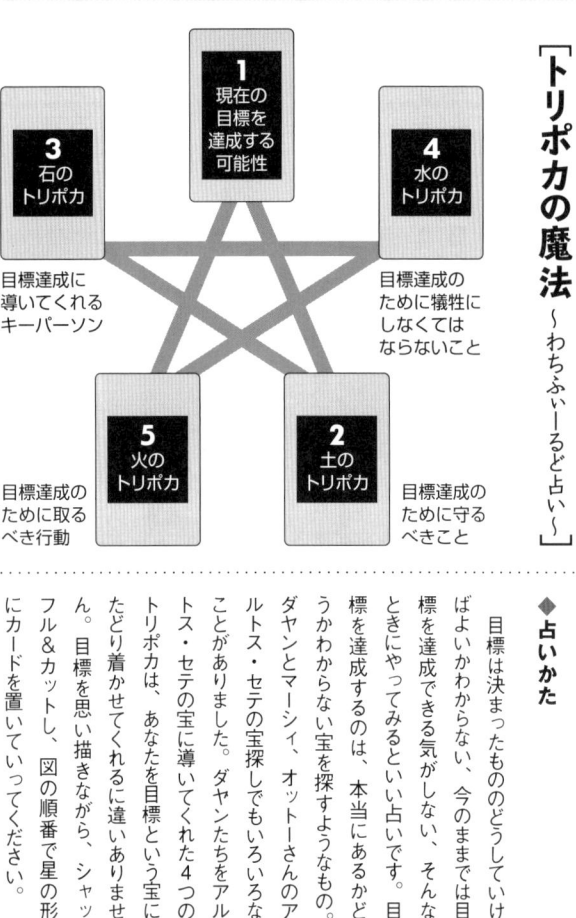

トリポカの魔法 〜わちふぃーるど占い〜

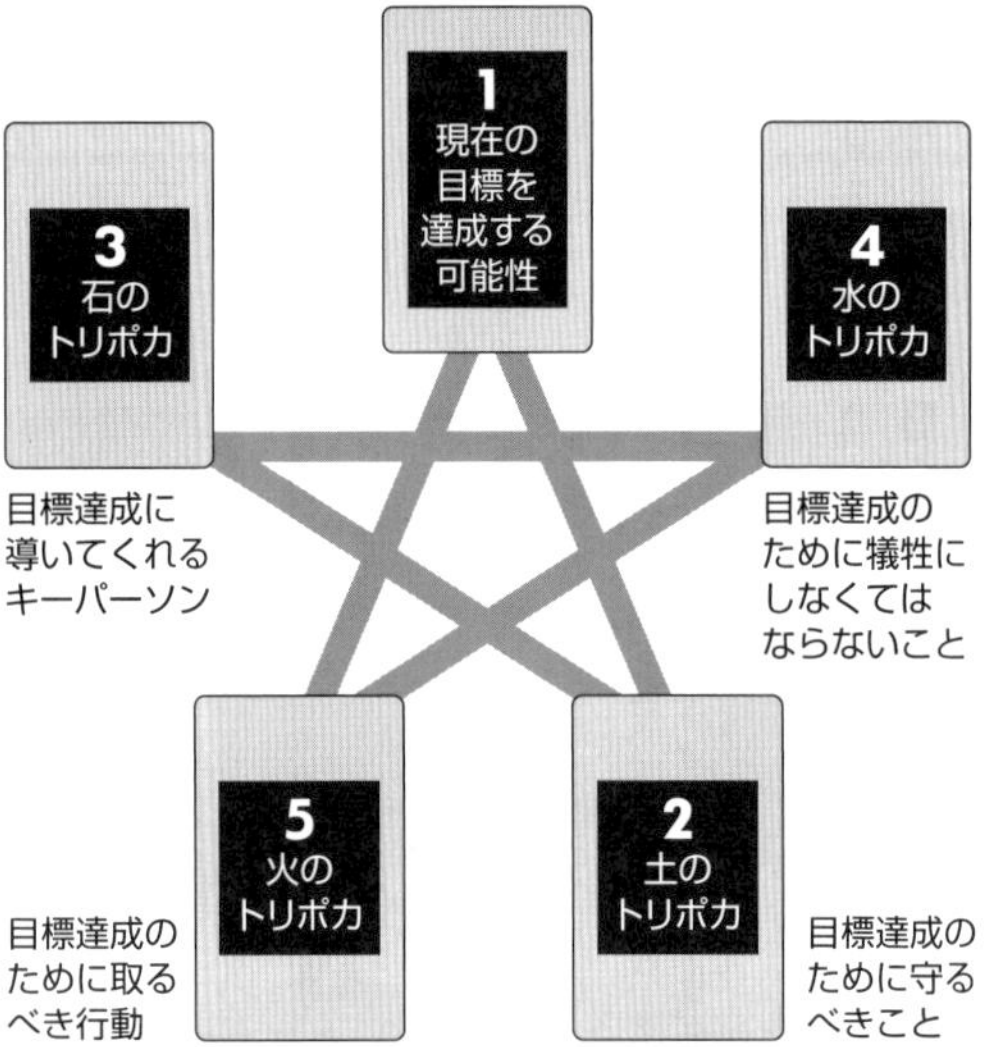

◆占いかた

目標は決まったもののどうしていけばよいかわからない、今のままでは目標を達成できる気がしない、そんなときにやってみるといい占いです。目標を達成するのは、本当にあるかどうかわからない宝を探すようなもの。ダヤンとマーシィ、オットーさんのアルトス・セテの宝探しでもいろいろなことがありました。ダヤンたちをアルトス・セテの宝に導いてくれた４つのトリポカは、あなたを目標という宝にたどり着かせてくれるに違いありません。目標を思い描きながら、シャッフル＆カットし、図の順番で星の形にカードを置いていってください。

◆場所があらわす意味

1 現在の目標を達成する可能性

目標に近づいているつもりでいても実際はそうでなかったり、悲観的な気分なのに案外目標に近づいていたり……。まずは、あなたがどれくらい目標に近づいているのかを調べます。現状を確認した上で、目標をとりまくトリポカについて見ていきましょう。たとえば、『世界』ならあともう少し、『悪魔』なら誘惑に負けて目標達成が遠のいている、『星』なら希望が持てる状態、という感じで診断してください。

2 土のトリポカ―目標達成のために守るべきこと

ダヤンたちが危ないときに、防御壁を登場させた土のトリポカ。この位置のカードが示すのは、目標を達成するためにあなたが守らなければならないルール。このことを守ることによって、あなたは土のトリポカの魔法に守られ、目標に近づくことができるのです。

3 石のトリポカ―目標達成に導いてくれるキーパーソン

迷路の中でダヤンたちを導いた石のトリポカ。目標が大きいほど導いてくれる人の存在は大きいものです。この位置は、あなたにいろいろな面で影響を与えてくれるキーパーソンを示しています。その人の忠告を受け入れることが目標達成への道を開くでしょう。

4 水のトリポカ―目標達成のために犠牲にしなくてはならないこと

ダヤンたちを襲った水の怪物をその身を呈して底なし井戸に封じた水のトリポカ。目標という宝を手に入れるためには犠牲にしなければならないこともあるもの。この位置のカードは、あなたをいましめてくれています。キツイ結果かもしれませんが肝に銘じて。

5 火のトリポカ―目標達成のために取るべき行動

アルトス・セテの秘宝発見の鍵となった火のトリポカ。やっぱり行動に出ないと、目標には到達できません。でも、行動に出る、と言っても、いろいろな出方があります。この位置のカードはその方法や作戦を教えてくれているのです。さて、結果は?

こんなカードが出たら？

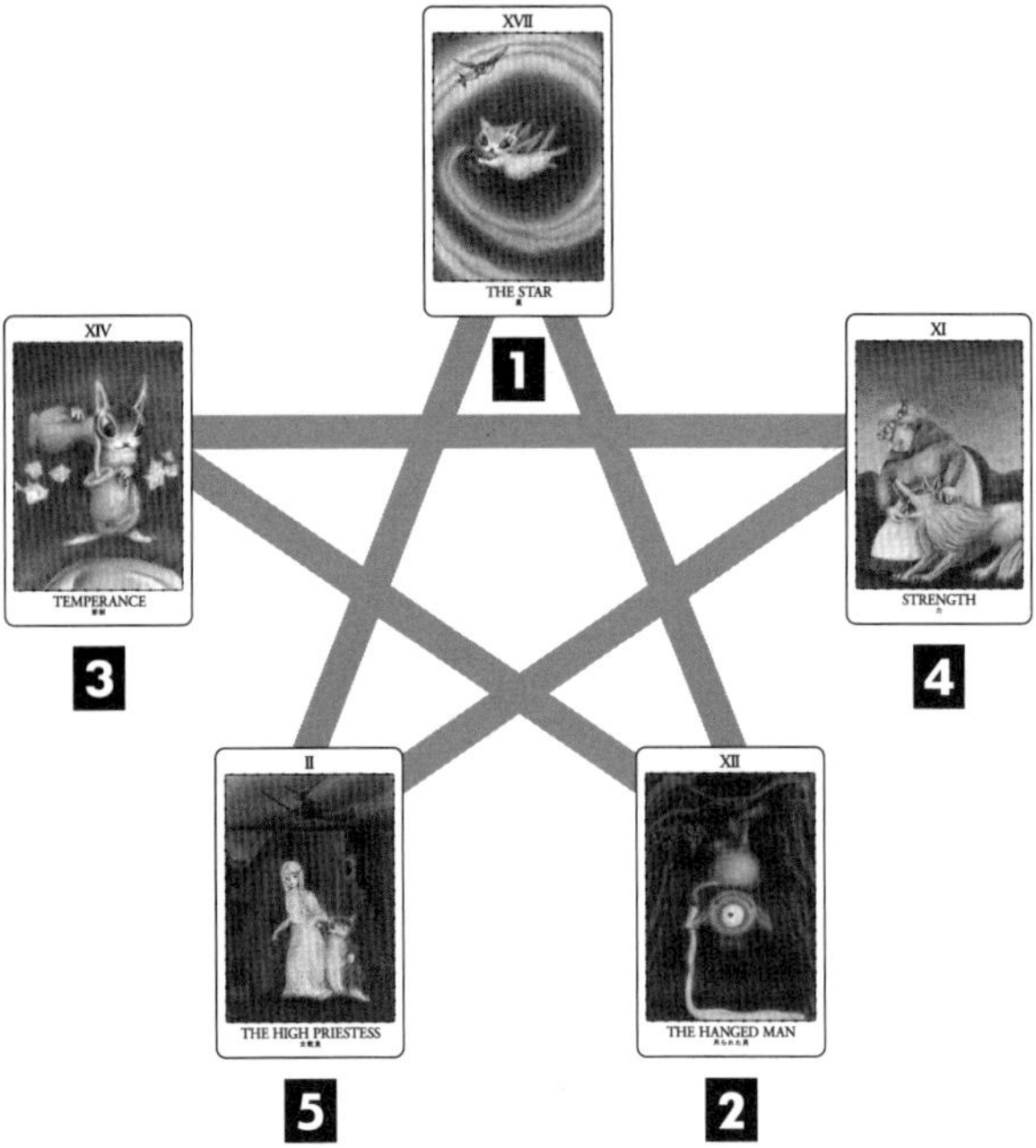

【問い】自分のお店を持ちたいのですが……

将来自分のお店を持つのが夢です。そのためにいろいろと頑張っているのですが、貯金とか最近うまくいかなくて……。どうすればいいのでしょう？

◆カードはこう伝えています

5枚のカードがこう並びました

1 現在の目標を達成する可能性（17 星）

まずは喜びましょう。『星』というラッキーカードが出ました。あなたの願いが純粋な分だけ、願いがかなう可能性が強く出ています。きっとあなたの願いはかないますよ。では次の札から、そのためのいろいろな条件や手段を探っていきましょう。

2 土のトリポカ―目標達成のために守るべきこと（12）吊られた男

ここに出たのは束縛や身動きできない状況をあらわします。お店を持つためにいろいろなことをガマンしなければならない状況を暗示します。少なくとも数年は、貯金などのために遊びなどをガマンしなければならないことを示すのでしょう。

3 石のトリポカ―目標達成に導いてくれるキーパーソン（14）節制

目標達成に導いてくれるのは、穏やかで生活をきちんと律してくれる人でしょう。遊び友だちも大事だけれどそれよりもしっかりと規則正しい生活をいっしょに守ってくれるような人が必要でしょう。

4 水のトリポカ―目標達成のために犠牲にしなくてはならないこと（11）力

目標を達成するのに犠牲にしなければならないのは、雪狼に象徴されるような小さなプライドではないでしょうか。お店を出すのに対していろいろな人のアドバイスをもらったり、必要な助けを求めることが必要になります。そのときに、自分の頭を下げていろいろ行動することが必要になります。

5 火のトリポカ―目標達成のために取るべき行動（2）女教皇

これは深い知性を象徴するカードです。また隠れた知識も象徴します。これはあなたがまだ気づいていない知識などが必要になることを暗示しています。実際に動き出してみるとまだまだ気づかないことがあるのでしょう。

◆全体で見ると……

すぐにはまだお店は出せない様子。しかし、具体的に動き始めてみてから、いろいろ学ぶことが多いことを暗示しています。節度を持った生活をして、動き始めてみることでしょう。

占い6

総合的にじっくり問題を考えたいとき

ヨールカの魔法でわちふぃーるどへやってきたダヤン。その神秘的なヨールカの輪の力を借りて啓示を得ようとする占いです。

[ヨールカの輪 ～わちふぃーるど占い～]

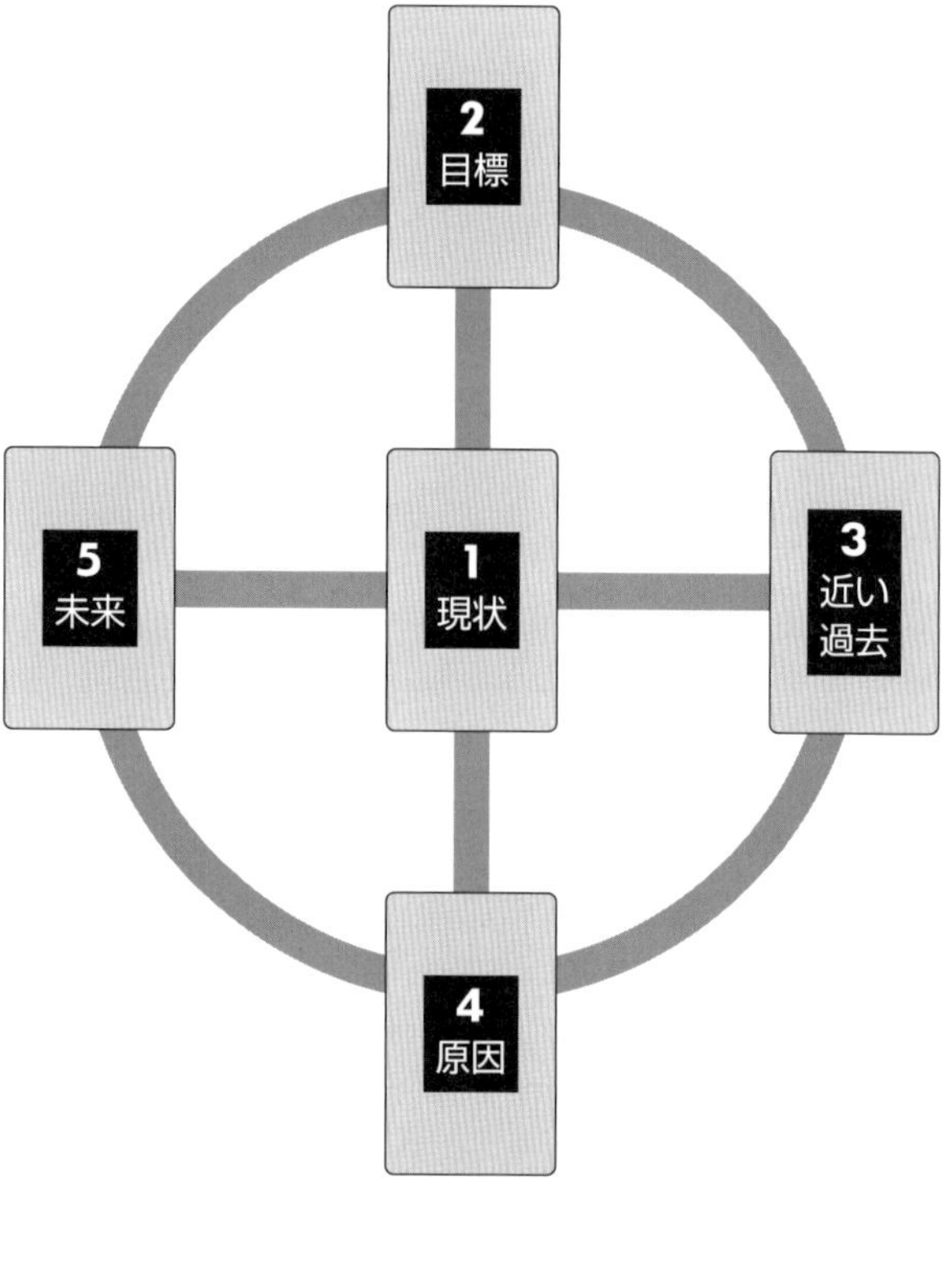

◆占いかた

アルス（地球）とわちふぃーるどをつなぐ、神秘の扉「ヨールカの扉」。このスプレッドは、ヨールカの不思議な輪の力を借りて神秘的な啓示を得ようとするダヤン・タロットならではの占い方法です。占いたいことを念じながらカードをよくシャッフル＆カット、図に従ってカードを開いてゆきます。ひとつひとつのカードをじっくり見て、総合的に判断しましょう。

◆場所があらわす意味

1 現状

あなたが今置かれている状況をあらわしています。ここに展開されたカードをじっくりと観察することで、今、あなたをとりまく状況がはっきりと見えてくるでしょう。あなた自身を象徴する札です。

2 目標

ヨールカの輪の頂点に置かれたカードは、あなたが求めているもの、希望しているもの、あるいは進んでゆくべき方向を示しています。あなたの努力の方向を示すとても重要なカードです。

3 近い過去

つい最近、どんなことが起こったかを見るカードです。1の現状を補足するカードとして見てもいいでしょう。また、あなたに影響を与えている人物の有無などを示すこともあるようです。

4 原因

問題のベースになっている原因を示すカードです。問題の発端となったのはなんでしょうか。問題のルーツはどこにあるのでしょう。また、あなたが頼りにしているものをあらわすこともあります。

5 未来

未来を象徴するカードです。今のままでいけば、そうなるであろう結果を示しています。しかし、どんな占い方法でもそうですが、ここでの結論はあなたの努力次第で変わってしまうのは当然のこと。

こんなカードが出たら？

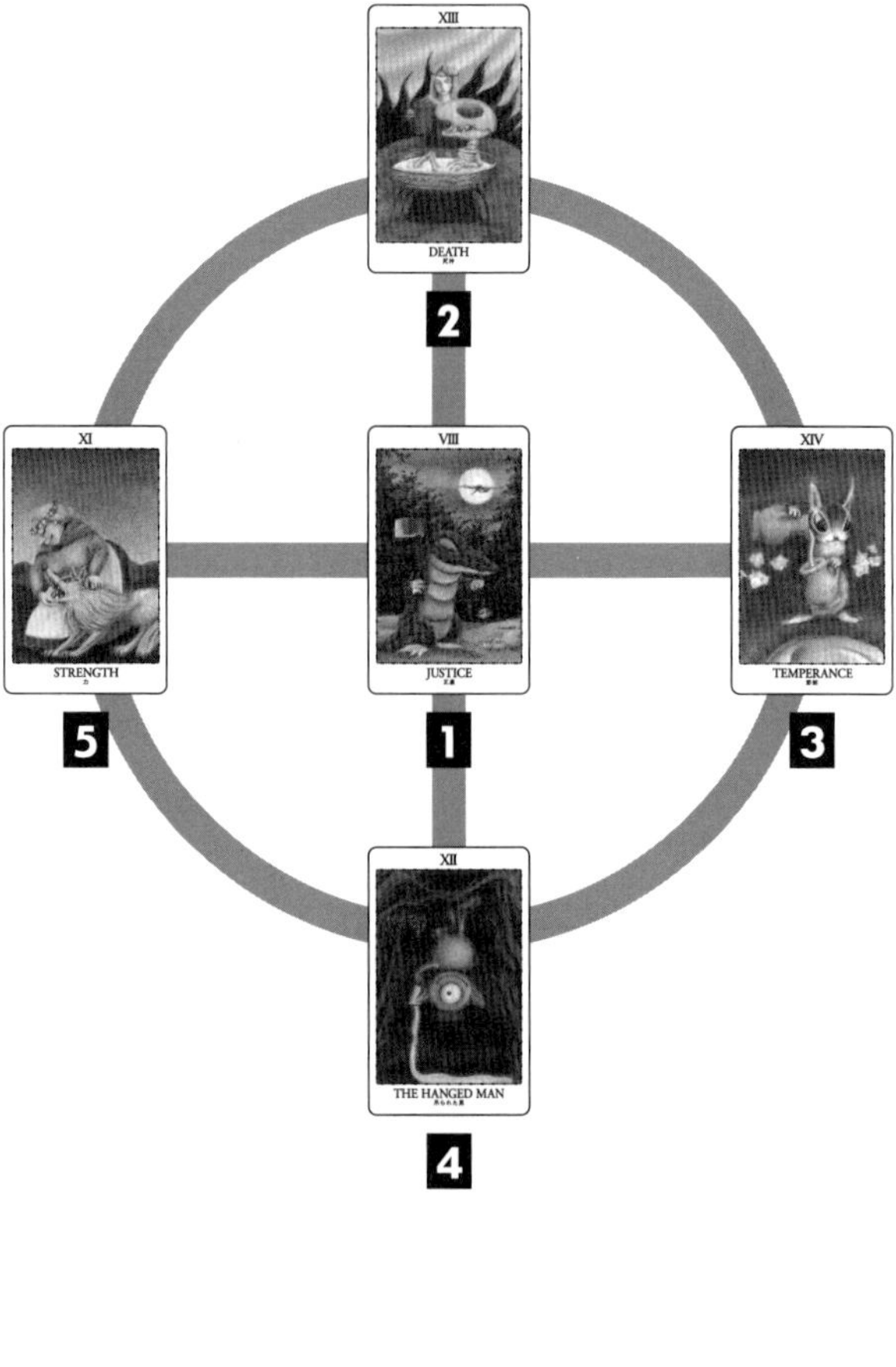
XIII
DEATH
2
XI
STRENGTH
VIII
JUSTICE
XIV
TEMPERANCE
5
1
3
XII
THE HANGED MAN
4

【問い】絵本作家になりたいのですが……

子どもの頃から絵本作家になるのが夢でした。でも周囲から無理だと言われ、一般事務の仕事についています。これから絵本作家をめざせるでしょうか。

◆カードはこう伝えています

5枚のカードがこう並びました

❶現状（8）正義

正義のカードは客観性を象徴しています。これはあなたが今の自分の状況をクールに見つめていることを示しています。天秤の象徴からふたつの道を見比べているとも読むことができますね。

❷目標（13）死神

ぎょっとするカードが出てしまいました。しかし、これは目標として読むと今の状況を完全にリセットして作家として一本立ちしてゆきたいという気持ちと読めるでしょう。

❸近い過去（14）節制

ゆっくりゆっくりと、自分の夢をこれまでにあたためてきたことが伺えます。大きなアクションはなかったのかもしれませんが、地道に絵や文章をひそかに書いてきているのでしょう。

❹原因（12）吊られた男

にっちもさっちもいかなくなっていることを象徴する札です。人の勧めで今の仕事をしているものの、それだけでは魂の渇きは抑えられず、中途半端な気持ちになっているようです。

❺未来（11）力

「ソフトにものごとをやってのける」ことを示すカードです。これはひそかに作品を応募してみたりして、実力を示して、周囲を説得してゆくことを考えてはどうでしょうか。

◆全体で見ると……

カードはあなたが現状を変えたいという強い気持ちを持っていることをはっきり示しています。今のままでいてもいいことはありません。しかし大転換は無理。地道に投稿を続けるなどの努力をすることで近い未来に必ず報われることをカードは示しています。

わちふぃーるどの世界と仲間たち

不思議の国・わちふぃーるどに暮らす仲間たちと、
わちふぃーるどの成り立ちをご紹介します。

マーシィ

ダヤンと仲良しのウサギの女の子。仕事に忙しいお母さんを手伝い、三つ子の妹と末っ子の弟の面倒を見る、優しくてしっかり者のお姉さん。旅好きのお父さんのことが大好き。

ダヤン

ヨールカの雪の魔法で、扉をぬけてアルス（地球）からわちふぃーるどへやってきました。その時から仲間に大歓迎され、今ではすっかりわちふぃーるどでの暮らしを楽しんでいます。

ジタン

バイオリンが上手で賢く、そしてミステリアスな猫。ジタンの過去は誰も詳しく知りませんが、とても頼りになる存在です。サーカス団マージョリーノエルの客員としても活躍。

イワン

ダヤンと同じアルスからやってきた、心優しいきこりのワニ。アルスから郵便配達のかばんに入って運ばれる途中で落ちた森に育てられ、木や草花の言葉がわかります。お酒が大好き。

大魔女セ

わちふぃーるどの偉大な魔女セは、今はアルスに「ベルさん」という名でひとり暮らしをしています。そしてアルスではダヤンの元飼い主、リーマちゃんのひいひいおばあちゃん。

オットーさん

マーシィのお父さん。地道な生活が苦手で一獲千金を夢見ては宝探しの旅に出てしまいます。ダヤンとマーシィと一緒に、魔法の玉、四つのトリポカを探す大冒険もしました。

メイプル母さん

マーシィのお母さん。「テイラーメイプル」という洗濯屋さん兼仕立屋さんを、ひとりで切り盛りしている働き者。お料理上手で、ダヤンにお菓子やパンの作り方を教えてくれます。

わちふぃーるどにはほかにもたくさん、ユニークな住人が暮らしています。詳しく知りたい方は「新わちふぃーるど大図鑑」（白泉社）をご覧ください。

月のおばさん

マーシィのお父さんのお姉さん。 娘時代から変わり者で、ある晩空飛ぶほうきで月へと飛んで行き、それ以来月に住みついてしまいました。気まぐれですが、面倒見のいい一面も。

「わちふぃーるど」って どんなところ？

不思議の国・わちふぃーるどは、大昔はアルス（地球）とともに、アビルトークという大きな世界の一部でした。神々の治めるアビルトークは、争いが絶えずについに分断。雪の神・ヨールカが守った国が、今のわちふぃーるどとなったのです。

ダヤンたちが暮らすのは、わちふぃーるどのほぼ中央にあるタシルの街。豊かな自然と長い歴史に育まれた、伝統ある街です。

タシルからトール山脈とサウス砂漠を越えた南部には、水の都サウスがあり、タシルとはまた違う商業都市の活気でにぎわっています。タシルの北方には、雪と氷に閉ざされたノース、魔王たちの住む死の森やトレジャーバレーなど、謎に包まれた地方が広がっています。

謎の多い土地、各地に住む風変わりな住民、昔ながらの独特の風習……知れば知るほどさらなる不思議が深まるのが、わちふぃーるどの魅力のひとつかもしれません。

わちふぃーるど全図

PROFILE

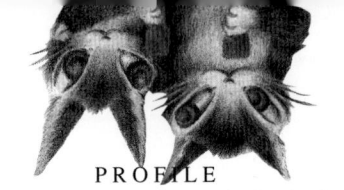

池田あきこ

Akiko Ikeda

東京・吉祥寺生まれ。青山学院女子短期大学卒業。卒業後革小物のデザイン、制作を始め、1987年からダヤンの絵本を出版。主な著書に『ダヤン 不思議の国へ　わちふぃーるど大図鑑』『ダヤンの小さなおはなし』『ダヤン　カフェ』『ダヤンと時の流れ星』『ダヤンのアベコベアの月』『ダヤンの絵本　森の音を聞いてごらん』（白泉社）など多数。
カード占い第2弾として『ダヤンのフォーチュンカード』（鏡リュウジ／占い 白泉社）が発売中。
わちふぃーるど公式サイト
http://www.wachi.co.jp

鏡リュウジ

Ryuji Kagami

1968年、京都府生まれ。国際基督教大学卒業。同大大学院修士課程修了。翻訳家・心理占星術研究家。著書・訳書に『誕生日事典　366日の「魔法の言葉」』（日東書院本社）『月と太陽でわかる性格事典　増補改訂版』（辰巳出版）「鏡リュウジの占い入門」シリーズ（説話社）「鏡リュウジの占星術の教科書」シリーズ（原書房）など多数。他にも雑誌、テレビ、ラジオなど幅広いメディアで活躍。
鏡リュウジ公式サイト
https://kagamiryuji.jp

本書は「月刊MOE」（白泉社）2005年1月号「ダヤンのタロットカード」「ダヤンのタロットカード占い」に加筆し、再構成したものです。

編集協力　橘クレア

アートディレクション　湯浅レイ子 ar inc.　デザイン　増子 文　竹内淳 ar inc.

ダヤンのタロットカード

平成17年12月 7 日　初版発行
令和 5 年10月16日　第15刷発行

著者　鏡リュウジ ©RYUJI KAGAMI 2005
　　　池田あきこ ©AKIKO IKEDA/Wachifield Licensing,Inc.2005
発行人　柳沢 仁
発行所　株式会社白泉社
〒101-0063 東京都千代田区神田淡路町2-2-2
電話03-3526-8065（編集）03-3526-8010（販売）03-3526-8156（読者係）
印刷・製本　凸版印刷株式会社

HAKUSENSHA Printed in Japan
ISBN4-592-73230-8
白泉社ホームページ　https://www.hakusensha.co.jp